POUR UNE NOUVELLE NARRATION DU MONDE

Riccardo Petrella

POUR UNE NOUVELLE NARRATION
DU MONDE

Humanité, biens communs, vivre ensemble

Traduit de l'italien par
Anne Rondelet-Petrella

LES ÉDITIONS
écosociété
MONTRÉAL

Coordination de la production : Anne-Lise Gautier
Direction artistique : Julie Mongeau
Typographie et mise en pages : Andréa Joseph [PageXpress]
Photo-montage de la couverture : David Bishop Noriega
Correction d'épreuves : Frédérick Letia, Julie Mongeau et Serge Mongeau

Remerciements à Charlotte Bédard, Roméo et Alégria.

© Les Éditions Écosociété, 2007
LES ÉDITIONS ÉCOSOCIÉTÉ
C.P. 32052, comptoir Saint-André
Montréal (Québec) H2L 4Y5
Dépôt légal : 4ᵉ trimestre 2007
ISBN 978-2-923165-36-3

Depuis les débuts, les Éditions Écosociété ont tenu à imprimer sur du papier
contenant des pourcentages de fibres recyclées et post-consommation, variables
selon la disponibilité du marché. En 2004, nous avons pris le virage du papier certifié
Éco-Logo – 100 % fibres post-consommation entièrement traité sans chlore. De
plus, afin de maximiser l'utilisation du papier, nos mises en pages ne comportent
plus de pages blanches entre les chapitres.

**Catalogage avant publication de Bibliothèque et Archives nationales
du Québec et Bibliothèque et Archives nationales du Canada**

Petrella, Riccardo

    Pour une nouvelle narration du monde

    Comprend des réf. bibliogr.

    ISBN 978-2-923165-36-3

    1. Mondialisation. 2. Capitalisme. 3. Économie sociale.. I. Titre.

JZ1318.P47 2007   303.48'2   C2007-942005-2

Nous remercions le Conseil des Arts du Canada de l'aide accordée à notre programme
de publication. Nous reconnaissons l'aide financière du gouvernement du Canada par
l'entremise du Programme d'aide au développement de l'industrie de l'édition (PADIE)
pour nos activités d'édition.

Nous remercions le gouvernement du Québec de son soutien par l'entremise du Programme de crédits d'impôt pour l'édition de livres (gestion SODEC), et la SODEC
pour son soutien financier.

à Charlotte, Matteo,
Alba et Loan
dans l'espoir qu'ils construisent
un monde différent et durable,
fondé sur un vivre ensemble
juste et pacifique.

TABLE DES MATIÈRES

INTRODUCTION

Pour une nouvelle narration

AUCUN SYSTÈME, groupe social, être humain ne peut exister en l'absence d'une narration. Tout est narration – un livre, une loi, un tableau, un arbre, une personne – et tout est narré – l'histoire d'une entreprise agricole, d'une institution syndicale, d'un instrument de musique, la vie d'une famille, d'un peuple, d'un fleuve.

La narration est quelque chose de plus qu'une idéologie : c'est aussi le vécu d'émotions, de joies, de souffrances, de réalisations. La narration comprend nécessairement le passé, le présent, le futur. Le sujet de la narration est toujours un sujet collectif, s'exprimant par des sujets « narrateurs » comme l'écrivain, la grand-mère, le journaliste, l'enseignant, le leader politique, le prêtre, le vieux…

La narration dominante

La narration aujourd'hui dominante est fondée sur trois grandes idées-force.

1. *La foi dans la technologie*

La foi dans la technologie comme élément fondateur de la puissance créatrice des êtres humains est présente dans toutes les couches sociales des pays occidentaux et occidentalisés. Il s'agit d'une foi dont l'origine remonte aux débuts de la révolution industrielle. Elle a atteint des moments de grande fascination populaire dans la seconde moitié du XIXe siècle et, au XXe siècle, dans les années 1920 et 1950. Ces 30 dernières années, ses fidèles les plus fervents n'ont cessé d'exalter l'avènement de « révolutions technologiques » toujours plus « révolutionnaires » donnant naissance, selon eux, à de « nouvelles sociétés ».

Selon la narration dominante, la science transformée en technologie est à la base du développement et du progrès: il n'y aurait pas de progrès économique, social et humain sans développement et progrès technologique. Le bien-être actuel et le futur de nos sociétés dépendraient de la science et de la technologie[1]. Actuellement, le rôle-clé serait joué par les nouvelles technologies d'information et de communication et les biotechnologies.

Selon les groupes sociaux dominants, la bonté du marché libre résiderait dans la volonté et la capacité du capitalisme d'investir dans la conception et la production de technologies toujours plus performantes capables d'augmenter la productivité de l'entreprise et de l'économie globale, ouvrant ainsi de nouvelles opportunités de création de richesse matérielle et immatérielle.

2. La confiance dans le capitalisme

Selon la narration dominante, science, technologie et capitalisme sont « naturellement » liés. Le taylorisme aurait donné ses titres de noblesse scientifique au capitalisme industriel fordiste. De notre temps, l'essor de la nouvelle connaissance en biotechnologies et en info-technologies donnerait légitimité à la marchandisation de la vie à l'échelle globale par le capitalisme financier mondialisé. Ainsi le capitalisme actuel s'est-il défini comme « l'économie de la connaissance » (knowledge driven

---

1. Cette thèse exprime une vision du monde influencée par le déterminisme technologique contre lequel de nombreux philosophes de la science ont durement combattu. Voir en particulier Jacques Ellul, Changer de révolution, Seuil, Paris, 1982 ; Le système technicien, Calmann-Lévy, Paris, 1977 ; Les nouveaux possédés, Fayard, Paris, 1973.

economy) après s'être proclamé, dans les années 1970 et 1980, «l'économie de l'information» (*information based economy*).

Par cette transformation, il serait en train d'engendrer une «nouvelle» société, «la société de la connaissance». Celle-ci serait nouvelle car les connaissances nouvelles mises en valeur par le capitalisme mondial permettraient de modifier radicalement deux coordonnées fondamentales de la vie, le temps et l'espace. Des termes comme *anytime* et *anywhere* sont utilisés et vécus comme les icônes de la capacité d'action illimitée – le «développement/croissance infini» – de l'économie capitaliste. Grâce à la puissance de ces connaissances, le capitalisme d'aujourd'hui exprimerait au plus haut niveau ce qui, de l'avis des théologiens du capitalisme, constitue son «esprit» propre, à savoir l'innovation permanente (définie comme «la destruction créatrice» par Joseph Schumpeter dans *Capitalisme, Socialisme et Démocratie* en 1942).

3. La conviction de l'impossibilité d'alternatives au système actuel

La troisième grande idée-force à la base de la narration dominante est représentée par la conviction – toujours plus répandue dans l'opinion publique mondiale, même au sein des forces sociales dites de progrès et de gauche – qu'il n'existe plus aucune alternative au capitalisme. Déjà dans les années 1980, Margaret Thatcher avait exprimé cette conviction d'une manière lapidaire avec le fameux TINA (*There is no alternative*/Il n'y a pas d'alternative). Il en est de même de la thèse sur «la fin de l'histoire». Selon cette thèse, l'opposition entre capitalisme et communisme/socialisme, qui marqua l'histoire du XIXᵉ et du XXᵉ siècle, s'étant soldée par la victoire «définitive» du capitalisme, l'histoire future est destinée à se développer uniquement dans le cadre et au sein du système capitaliste mondial.

Le débat sur ce sujet a été particulièrement vigoureux en Europe, jusqu'à diviser profondément, encore une fois, le monde dit de gauche entre une gauche réformiste et une gauche radicale. Pour la gauche «réformiste» (à savoir, le *blairisme*, la social-démocratie à la Gerhard Schroeder en Allemagne, le Parti socialiste français, les «démocrates de gauche», l'ancien Parti communiste en Italie) on ne peut pas sortir de l'économie capitaliste. Ce qu'on peut et doit rechercher de manière réaliste, c'est à humaniser le capitalisme, le rendre plus social, plus juste, plus solidaire, plus «vert». La gauche radicale étant très minoritaire au sein de la gauche institutionnelle européenne, les thèses «réformistes» ont contribué à renforcer au sein de l'opinion publique la force et la crédibilité de l'absence d'alternatives. Sous-estimer la force et l'importance de cette conviction serait une erreur. Sa crédibilité apparente trouve, en effet, une sorte de confirmation dans deux théories aujourd'hui en vogue, celle de la complexité et celle du chaos.

La théorie sur la complexité croissante des systèmes, appliquée aux sociétés humaines à partir des phénomènes physiques et biochimiques, est utilisée pour affirmer que la complexité du système mondial économique, social et politique actuel rendrait impossible tout changement de système. Il n'y aurait de place que pour des changements «locaux» à l'intérieur du système.

La théorie du chaos mène à la même conclusion selon laquelle la société serait devenue un ensemble complexe de relations instables, fondées et formées par des flux de toutes sortes en mobilité chaotique permanente. Sans centre organisateur capable de contrôler l'ensemble des flux, seule serait possible la construction d'ordres locaux de courte durée, source à leur tour d'instabilité pour le système global. Les centaines de guerres en cours – militaires, économiques, ethno-culturelles – seraient l'expression «inévitable» de la nature chaotique du système.

L'impossibilité de définir et d'appliquer un accord mondial sur le changement climatique global, par exemple, démontrerait – selon les promoteurs de ces thèses – les limites objectives à trouver les solutions globales alternatives au système existant. L'émergence du nouveau monde cyber-spatial, qui produit des ordres locaux provisoires à travers le tissage de milliers de réseaux spontanés, en serait une autre démonstration.

La narration dominante nous dit alors que pour permettre aux sociétés d'évoluer d'une façon plus ou moins «ordonnée» et transformer en opportunités positives des relations chaotiques et instables, il convient de laisser à la liberté des acteurs du système, des individus et des groupes organisés, en compétition entre eux, la responsabilité de la régulation. La solution serait l'autorégulation[2].

Autorégulation des entreprises fondée sur l'adoption de codes volontaires (de conduite générale, environnementaux, sociaux) dont le respect resterait sous le contrôle des entreprises elles-mêmes. Autorégulation entre consommateurs et producteurs, entre travailleurs individuels et employeurs. Autorégulation aussi en ce qui concerne la pension (par capitalisation, et non plus par répartition) à régler sur les marchés financiers (assurances privées, fonds de pensions). Autorégulation, enfin, entre les États : conservant entière leur souveraineté nationale[3], les États abandonneraient la pratique de l'approbation de traités, conventions, accords internationaux fixant des principes et des règles contraignants pour l'ensemble des États, pour adopter la pratique d'accords bi-latéraux et multilatéraux plus flexibles et peu contraignants, sur des projets spécifiques. Adieu, donc, à l'idée d'un droit mondial, de règles et d'institutions juridiques mondiales, d'institutions politiques de régulation mondiale. Haro sur ce que les spécialistes appellent la *hard law* (la loi écrite, « forte », universelle). Place, au contraire, à la *soft law* (la régulation légère, *ad hoc*, « locale », à l'initiative individuelle et aux règles spontanées).

Le troisième Sommet mondial de la Terre sur le développement et l'environnement, qui a eu lieu à Johannesburg en septembre 2002, a constitué un exemple parlant de la priorité donnée par le système actuel à la *soft law*. Le premier Sommet mondial de la terre, dix ans plus tôt à Rio de Janeiro, s'était conclu, au contraire, malgré l'opposition du président des États-Unis,

---

2. C'est-à-dire la présence, au sein d'un système, de mécanismes capables de mettre en œuvre des processus de stabilisation du système. À ne pas confondre avec les théories sur l'autogestion socialiste ou l'autogestion des travailleurs.

3. Même si les États nationaux se sont privés d'une partie de leurs pouvoirs au bénéfice d'organisations gouvernementales supranationales (l'Union européenne, par exemple) et de sujets privés (les entreprises multinationales, les institutions financières internationales...), ils restent les principaux sujets de la régulation des relations internationales. La nature et l'ampleur réelles de leur souveraineté soulèvent d'autres réflexions.

George Bush père, par l'adoption de deux conventions mondiales sur la biodiversité et sur la déforestation et un programme d'action – l'Agenda 21 – fixant des objectifs précis pour tous les États présents au Sommet. Le deuxième Sommet de la Terre à Kyoto en 1997, avait aussi, débouché sur la signature d'un Traité sur le changement climatique mondial, renié en 2000 par George Bush fils.

Le troisième Sommet de Johannesburg n'a ni vu, ni abordés ni approuvé aucun traité ou convention mais seulement un rhétorique « document politique » final qui brille par la pauvreté des contenus et le manque de courage politique. De plus, la majeure partie des 152 engagements pris ne sont que des répétitions des engagements précédents non réalisés. C'est le cas de l'engagement, jamais maintenu, de l'allocation du 0,7 % du PNB des pays riches à l'aide officielle internationale au développement des pays pauvres. Le Sommet a été une « foire aux accords ». Chaque pays y est arrivé avec ses projets à « vendre » et est reparti avec les accords qu'il a réussi à combiner avec les autres « vendeurs »[4].

La narration de la Théologie universelle capitaliste

Dans la première partie de cet essai, écrit à partir d'une entrevue réalisée par Roberto Bosio, j'ai cherché avant tout à expliquer le discours fondateur de la narration dominante. Ce discours existe et est cohérent. Je propose de l'appeler la Théologie universelle capitaliste (TUC). Le tableau 2 en résume les éléments essentiels. Le lecteur impatient de savoir de quoi il s'agit peut consulter le tableau immédiatement (voir page 39). Si, au

---

4. Le « credo de Johannesburg » le plus professé à tout instant fut le PPP (Partenariat public-privé). Le PPP fait partie des formes de privatisation des services publics préférées par la Banque mondiale dès 1993. Elle l'a fait accepter par les autres organisations spécialisées de l'ONU (UNESCO, FAO, OMS). Le PPP reste à la base de la soi-disant, « politique du dialogue » prônée par la Banque mondiale et les gouvernements pro-entreprises entre tous les « stakeholders », comme le Royaume-Uni, la France, les États-Unis, le Canada. En réalité, ceux qui n'acceptent pas le PPP sont accusés de refuser le dialogue entre les pouvoirs publics, les entreprises privées et la société civile et, donc, d'agir contre la promotion du développement durable et contre le progrès.

contraire, le lecteur fait partie des personnes qui savent procéder avec calme et méthode, il peut tranquillement continuer à lire l'ouvrage dans l'ordre où il a été rédigé. La TUC est à la base du rêve mondial du capitalisme et d'une société de marché compétitive[5]. La Théologie universelle capitaliste est sans aucun doute fascinante. Bien que les postulats de départ faisant référence aux théories sur la complexité et sur les chaos ne manquent pas, la TUC se présente comme un système « scientifique » capable de donner des certitudes et des solutions. Même les pauvres et les exclus peuvent trouver l'explication de leur condition et de leurs problèmes dans le cadre de la narration dominante, dans la mesure et à condition, bien entendu, qu'ils aient la volonté et la capacité d'emprunter la bonne route.

On montrera, toujours dans la première partie, que le système mondial construit au cours des 30 dernières années conformément aux principes de la TUC (le système capitaliste de marché mondial) est fondamentalement un monde pour un petit nombre de personnes dans lequel :

- règne la violence ;
- la personne humaine est réduite à la notion de « ressource humaine », au même titre que la ressource pétrole, la ressource coton ;
- n'importe quelle expression de vie est traitée comme de la marchandise, simple objet d'échange commercial et de valorisation financière ;
- le temps, l'espace sont atomisés, virtualisés, éclatés, réduits aux seules variables de coût et de profit ;
- les droits humains et sociaux, universels et imprescriptibles, sont vidés de contenu, considérés comme réversibles et négociables, transformés en « besoins vitaux ».

Cela, parce que la Théologie universelle capitaliste a :

- redonné à la stratégie de puissance le rang de priorité politique principale d'un État ;

---

5. J'ai analysé le rêve mondial du capitalisme dans Riccardo Petrella, *Désir d'humanité. Le droit de rêver*, Éditions Écosociété, Montréal, 2005.

- fait de la guerre (militaire, économique, sociale, culturelle) l'état permanent du monde ;
- transformé l'éducation en un système de formation visant à sélectionner les meilleurs, c'est-à-dire les «ressources humaines» dont ont besoin – dit-on – les armées du XXIe siècle (les entreprises multinationales mondiales) pour survivre dans une logique de conquête du monde et de la nature.

Enfin, elle a réussi non seulement à imposer un contrôle toujours plus fort sur les grands moyens d'information et de communication au niveau des contenus et des formes, mais aussi à obtenir la passivité, voire la complicité, du monde de la science, de la culture et de l'intelligentsia en général.

Une narration différente

La critique et le rejet de la narration dominante sont nécessaires, mais pas suffisants. Dans la deuxième partie de cet essai, j'essaierai de montrer que pour construire un monde différent, il est encore plus nécessaire de narrer un autre monde, élaborer et croire à une narration de la société différente de celle qui est racontée par la TUC.

Une narration différente est fondamentale, car elle modifie la définition et la perception du champ du possible et de l'impossible défini par la narration dominante. Ce qui est, précisément, impossible dans le cadre de cette dernière, peut et doit devenir possible dans le cadre de la première.

Je ne pense pas qu'il soit absolument nécessaire de donner un nom à la narration différente. Pour l'heure, je parle de «narration de l'humanité». En réalité, la nouvelle narration trouvera son nom en cours de route, sur le terrain de l'action. Ce qui, par contre, est indispensable, c'est d'en préciser les principes fondateurs. Il appartient à chacun d'apporter sa propre contribution.

À mon avis, la nouvelle narration doit se fonder sur les principes suivants :

1. Le principe de la vie

Reconnaître le droit de tous et de chacun à une vie digne, sur quoi construire *l'oikos nomos* (l'économie), c'est-à-dire les règles (*nomos*) de la maison (*oikos*).

2. Le principe de l'humanité

Aujourd'hui, le sujet de référence pour la « citoyenneté »[6] est la nation ou le peuple. Il est temps de reconnaître l'humanité entière comme sujet politique et juridique, porteur de droits et de devoirs. L'image de la Terre prise de l'espace met en évidence un espace terrestre unique et continu, une géographie qui, certes, souligne la variété et la diversité, mais pas la rupture. Un message positif s'ensuit : les êtres humains vivent dans un monde où les « frontières » politiques ou culturelles ne doivent pas être des barrières et des sources de rejet/exclusion des autres, mais des éléments au service du vivre ensemble. Tel devrait être, par exemple, le rôle des fleuves, en principe source de vie et d'union entre les habitants des deux rives. En revanche, les êtres humains en ont souvent fait des sources de conflit et de guerres. Le mot même « rivalité » vient du latin *riva*, et c'est pourquoi celui qui habite sur l'autre rive est un « rival », celui qui est « naturellement » en concurrence conflictuelle concernant l'utilisation des eaux.

3. Le principe du vivre ensemble

L'être humain est un être social. La sécurité du vivre ensemble – la paix – doit inspirer le choix des finalités et des priorités de la *politeia* (la politique), c'est-à-dire l'organisation de la cité (*polis*) au niveau des communautés de base comme au niveau de la communauté mondiale.

4. Le principe des biens communs

Les biens et services essentiels à la vie, individuelle et collective, des membres d'une communauté humaine doivent appartenir à la collectivité et être gérés par elle (production, utilisation, main-

---

6. La citoyenneté constitue le « titre » de l'appartenance civile, politique et sociale de chaque personne à la « cité ».

tenance, conservation, développement). Les coûts associés doivent être financés par la collectivité au moyen de la fiscalité. La responsabilité de la gestion doit être assurée par des organisations publiques sous le contrôle politique direct de la collectivité et fonctionner sur des bases démocratiques (représentatives ou, de préférence, directes et participatives).

La communauté d'appartenance des biens communs varie selon le temps, les territoires et les cultures. Aujourd'hui, il est urgent et nécessaire de définir et mettre en place les systèmes adéquats de promotion et de gestion des biens communs de l'humanité, tels l'énergie solaire, l'eau, l'air, la terre, la connaissance, l'éducation, la santé...[7]

Les biens communs renvoient à l'idée plus générale de *bien commun*, notion par laquelle on entend l'ensemble des principes, des institutions, des ressources et moyens, et des pratiques qui permettent à un groupe de personnes de constituer une communauté humaine capable d'assurer le droit à une vie digne pour tous ses membres, ainsi que leur sécurité (à tous points de vue, non seulement militaire ou physique); ceci dans le respect de l'altérité, en solidarité avec les autres communautés et les générations futures, tout en ayant le souci de la durabilité de l'éco-système Terre[8].

5. Le principe de la démocratie

Ces dernières années, la complexité croissante des sociétés, dont il a été question plus haut, tout comme la globalisation du commerce, de la finance, des entreprises, des marchés, ont été mises en première ligne pour affaiblir la démocratie, sous le prétexte qu'elles demandent rapidité dans les décisions, compétences pointues, technicité, soumission aux impératifs de l'innovation technologique et de la compétitivité. Bien au contraire, la complexité du monde et sa mondialisation selon les quatre principes qui précèdent, renferment des potentialités élevées pour la promotion de nouvelles formes, plus riches, de démocratie.

---

7. À ce propos, voir Riccardo Petrella, *op. cit.*
8. Riccardo Petrella, *Le bien commun. Éloge de la solidarité*, Éditions Labor, Bruxelles, 1996.

Les parlements doivent devenir les lieux du *réseau démocratique mondial* où les citoyens, les groupes sociaux, les peuples, participent à la définition de l'architecture et de la construction de l'ingénierie politique mondiale.

6. *Le principe de la responsabilité*

L'éthique et le droit (et non l'autorégulation) sont à la base de la responsabilité, surtout collective. La responsabilité (de qui, et à quelles conditions...) doit s'exercer avant tout par rapport au droit à la vie pour tous, au vivre ensemble (la paix), aux droits collectifs de l'humanité (y compris ceux des générations futures), à la « gestion » des biens communs.

La pratique de la responsabilité requiert certitude et continuité au niveau des règles et des institutions. Elle implique aussi transparence et coopération au niveau des décisions. Pour être efficace, elle doit reposer sur la confiance et sur le partage des objectifs et des moyens[9].

L'exercice de la responsabilité signifie recourir aux principes de :

- *précaution* : même si l'objectif du risque zéro ne peut être atteint, il est sage de procéder avec prudence lorsque la connaissance des implications et des conséquences à long terme d'une action reste incertaine et inadéquate ;
- *réversibilité* : une société doit être en mesure, comme une automobile, de faire marche arrière ;
- *prévention* : elle inspire un système de gestion optimale des ressources différent de celui fondé sur la priorité donnée à la réduction des coûts en vue de l'augmentation des profits.

---

9. Des pages lumineuses sur la responsabilité ont été écrites par Norbert Elias notamment dans *La civilisation des mœurs*, Paris, Calmann-Lévy, 1973.

7. Le principe de l'utopie

Le beau, le bon, le juste, l'amitié, l'amour, la paix, la solidarité, la joie, la fête... sont des valeurs politiques, sociales et fondamentales. Chaque société doit maintenir une grande capacité d'utopie, de prophétie, surtout dans le sens de *eu-topo*, un bon lieu. Le pragmatisme, le cynisme, n'ont jamais contribué à faire avancer la beauté, la justice, l'amour, la solidarité, la fête... Il est nécessaire d'avoir l'envie de rêver[10].

---

10. La même exhortation a été faite par Eduardo Galeano, avec beaucoup plus de beauté et de force poétique dans son ouvrage *A testa in giù. La scuola del mondo alla rovescia*, Sperling & Kupfer, Milano, 2005.

Première partie

La narration de la globalisation capitaliste

CHAPITRE PREMIER

La Théologie universelle capitaliste

ROBERTO BOSIO: *GRAMSCI, À PROPOS DE L'HÉGÉMONIE CUL-
TURELLE, disait que si vous occupez la tête des personnes, leurs
cœurs et leurs mains suivront. Le système dominant n'a pas
oublié cette leçon et a créé une nouvelle narration de l'histoire
pour raconter et légitimer sa domination et ce qui est en train
de se passer dans le monde.*

Pour décrire et comprendre, il faut toujours un *logos* (la parole,
un discours), une narration. Les peuples narrent. Ils narrent
leur histoire, leur vision du monde et de la société. La même
chose se passe pour chacun de nous. Tout est narration, au
point que certains prétendent que la réalité est celle qui est pensée, narrée.

Narrer signifie exprimer des symboles, dont la fonction est la
représentation du monde, de la société, de la vie. Il n'est pas
possible de comprendre le monde si l'on ne comprend pas les
symboles. En plus d'évoquer des descriptions de réalités, les symboles sont des véhicules de normativité. L'amitié, par exemple,
est un symbole, un symbole d'une grande valeur humaine et
sociale. Elle dit que les relations entre deux personnes, ou plus,
non seulement sont pacifiques et doivent être pacifiques, mais

que chacune d'elle est prête, si nécessaire, à sacrifier une partie de soi – en termes d'intérêts, de situation, etc. – pour le bien-être de l'autre. La rivalité aussi est un symbole. Elle dit que les relations entre deux ou plusieurs personnes ne sont pas pacifiques et que chacune d'elles cherche à atteindre ses objectifs à la place ou au détriment de l'autre. «Éliminer» l'autre, le concurrent, est le principe guide du comportement rationnel des entrepreneurs et des financiers dans une économie libre de marché. Voir la définition de «rival» (p. 16) que nous venons de donner en introduction.

Sur quels symboles se base la narration du pouvoir dominant?

Sur la primauté de trois pouvoirs:

- le pouvoir du *marché*;
- le pouvoir de l'*entreprise*;
- le pouvoir du *capital*.

I. LE POUVOIR DU MARCHÉ

Selon le système dominant, le marché est considéré comme le dispositif optimal pour satisfaire les besoins de la société. Le marché permettrait la meilleure allocation des ressources matérielles et immatérielles disponibles grâce au mécanisme des prix. De cette façon – disent-ils – on satisfera l'intérêt général.

Selon la narration dominante, la société est faite d'individus qui, pour survivre, ne peuvent avoir accès aux biens et services considérés nécessaires à leur existence et à leur bien-être qu'à travers l'échange. Le marché est le lieu «naturel» immédiat, primaire, où les échanges ont lieu. La forme naturelle de l'échange serait marchande. Dès lors, la société ne serait qu'un ensemble de transactions interindividuelles sur le marché, où chaque individu cherche à maximiser sa propre «utilité personnelle» en minimisant les coûts et en maximisant les bénéfices.

L'échange donne de la valeur aux choses à travers le prix. Une chose qui n'a jamais été et ne sera jamais, directement ou indirectement, objet d'échange n'a pas de valeur, de prix – dit-on. C'est le rapport d'échange entre producteurs et consommateurs, entre l'offre et la demande qui, en déterminant la valeur, transforme les choses en «biens économiques».

2. le pouvoir de l'entreprise

On a convaincu l'opinion publique que l'entreprise serait l'organisation la plus apte à gérer efficacement les transactions d'échange entre les différents agents du marché au niveau local, national et mondial. C'est elle qui assurerait la meilleure combinaison des ressources disponibles – matérielles et immatérielles – et l'optimisation de l'utilité individuelle.

3. le pouvoir du capital

Le capital est devenu le paramètre de définition de la valeur. Tout ce qui contribue à la création de richesse pour le capital a de la valeur. De là, la norme qui dit que la maximalisation du profit du capital doit être l'objectif prioritaire de toute action « économique » et primer sur tout autre objectif. Ce faisant, nos sociétés ont donné aux entrepreneurs le pouvoir de décision quant à l'allocation des ressources, en reléguant le rôle de l'État, principalement, à celui de régulateur du cadre général et de gérant du respect des règles établies, par exemple les règles du marché concurrentiel.

Comment sont réparties les ressources disponibles selon la Théologie universelle capitaliste?

Les dominants continuent à répéter que l'allocation optimale des ressources disponibles d'un pays, d'un continent, de la planète est possible seulement si l'on applique le principe de la libre concurrence dans le respect des (prétendues) « lois naturelles » du marché. Tous les autres dispositifs mis en œuvre par la société à cette fin (l'État, les entreprises coopératives, les organisations mutuelles, la gratuité, le troc) sont d'importance subordonnée et d'utilité secondaire. Ils ont le droit d'exister seulement s'ils ne font pas obstacle au rôle fondamental du marché.

Tableau 1
Quelques données sur les entreprises multinationales

Si nous dressons une liste comprenant les pays classés basé sur le produit intérieur brut (PIB) et les entreprises multinationales classées basé sur le chiffre d'affaires, nous découvrons que, aux 100 premières places, il y a 51 entreprises multinationales privées.

Le poids des « Top 200 »	En comparaison
La chaîne de supermarchés Wal-Mart est à la 1re place des multinationales	a un chiffre d'affaires supérieur au PIB de l'Indonésie, derrière laquelle se trouvent encore 163 autres pays
General Motors	a un chiffre d'affaires supérieur au PIB de la Finlande
Daimler-Chrysler, Ford et Toyota	ont chacune un chiffre d'affaires plus élevé que le PIB du Portugal
Le chiffre d'affaires des Top 200	est égal au ¼ de la richesse produite chaque année dans le monde (leurs ventes représentent 28 % du produit brut mondial)
Le chiffre d'affaires des Top 200	équivaut au PIB total des 174 pays les plus pauvres au monde. Le produit brut mondial s'élèverait en 2004 à 40 885 milliards de dollars, concentré pour presque les ¾ dans 12 pays [1]. Les 172 autres pays ont, ensemble, un produit brut de 10 442 milliards de dollars
Le chiffre d'affaires des Top 200	est égal à la richesse annuelle des ¾ de l'humanité
Les Top 200 représentent 27 % de l'activité économique mondiale	occupent 28,8 millions de personnes (sur environ 2,8 milliards de travailleurs), c'est-à-dire à peine 1 % des travailleurs du monde
Parmi les 6 multinationales ayant le plus grand nombre de travailleurs, on en retrouve trois chinoises (China National Petrolum, Sinopec et State Grid), une américaine (Wal-Mart), une allemande (Siemens) et une française (Carrefour)	La croissance de leur emploi entre 1983 et 1999 a été de 14 % comparée à celle de 362,4 % en ce qui concerne les profits
Au sein des Top 200, la position dominante est détenue par les multinationales américaines	avec un chiffre d'affaires égal à trois fois celui des entreprises japonaises, en 2e place dans le classement
Les 25 banques qui font partie des Top 200 ont ensemble un chiffre d'affaires de 1142 milliards de dollars	Trois milliards et demi – et plus – de personnes « vivent » avec un revenu *per capita* inférieur à 3 $ par jour

Source : Institute for Policy Studies (IPS/USA), Sarah Anderson and John Cavanagh, *Top 200: The Rise of Corporate Global* Power, décembre 2000.

---

1. À savoir, États-Unis, Japon, Allemagne, Royaume-Uni, France, Italie, Chine, Espagne, Canada, Inde, Corée du Sud, Mexique.

Dans la Théologie universelle capitaliste, l'État est par définition synonyme de manque d'efficacité. Chacune de ses interventions dans les affaires économiques réduirait la « capacité » du marché – c'est-à-dire du privé – à réaliser l'objectif de la plus grande efficacité. L'influence de la TUC sur la mentalité des gens a été considérable. Le concept de gratuité, par exemple, a disparu du langage ordinaire des personnes.

Les politiciens et les experts, plus particulièrement, ont peur de se faire taxer de ridicules ou d'ingénus s'ils parlent de gratuité de l'accès aux droits humains (à l'éducation, à la santé, à l'eau...), même s'ils savent bien que, par « gratuité », il ne faut pas entendre l'absence de coûts, mais plutôt la prise en charge de ceux-ci par la collectivité au moyen de la fiscalité. Tout au plus, pour certains, la gratuité est possible uniquement en dehors de la « logique » de l'économie et, de toute façon, elle ne saurait être appliquée en opposition aux « lois » du marché[2].

Au-delà de ces trois pouvoirs, que raconte d'autre la narration dominante ?

L'idée que l'histoire des sociétés contemporaines serait en train d'évoluer, inévitablement, vers la constitution d'un grand marché mondial des marchandises, des finances, des idées. Cela ferait partie de la destinée « naturelle » de l'économie, parce que les évolutions technologiques, en matière de transport, d'information et de communication notamment, devraient transformer le monde en un seul « village global ». Du postulat gratuit « le marché mondial va dans le sens de l'histoire », les groupes dominants sont passés à l'affirmation, gratuite elle aussi, que la globalisation est inéluctable. Selon eux, le processus de mondialisation est un fait auquel on ne peut que s'adapter. Le freiner, voire s'y opposer, serait un acte de cécité et d'inconscience que seul peut accomplir celui qui veut se mettre « en dehors » de

---

2. Les « lois » et les « commandements » du marché sont présentés comme s'ils étaient des « lois scientifiques » de même nature que les lois de la physique, de la chimie, de la biologie. Le recours aux mathématiques par de nombreux économistes est interprété par eux comme la preuve que les analyses économiques font partie de l'univers des sciences, donnant, par conséquent, davantage de crédibilité à leurs travaux et propositions.

l'histoire. Aucun pays, pas même les États-Unis, ne peut résister à la globalisation[3].

Qu'arrive-t-il, selon la TUC, avec l'avènement du « grand marché mondial unifié » ?

L'affirmation de la « Sainte Trinité », c'est-à-dire le triple processus de libéralisation, déréglementation, privatisation.

PRIMO : LA LIBÉRALISATION

La scolastique dominante soutient que la globalisation de l'économie, pour être efficace, implique la libéralisation la plus étendue et rapide possible des marchés nationaux, de tous les marchés, dans tous les secteurs. Une telle libéralisation, cohérente avec la nature de « système ouvert » du capitalisme de marché, libérerait les forces créatrices de la société. Plus on libéralise, affirme-t-on, et plus grande sera la capacité d'un pays d'innover, de produire les biens et services moins chers, de meilleure qualité, d'une plus grande variété et flexibilité, et ce, dans l'intérêt des consommateurs du monde entier et, bien entendu, des détenteurs de capitaux.

Ces arguments sont explicitement développés, même au sein des forces dites modérées, « réformistes », du monde de la gauche en Europe. Je pense en particulier au projet de loi n. 5772 de 2006 (dit « Décret Lanzillota ») sur la libéralisation des services publics locaux, présenté par le ministre responsable des Affaires régionales au sein de l'actuel gouvernement italien de centre-gauche dirigé par Romano Prodi.

Selon ce projet, le principe fondateur du renouvellement des services publics locaux en Italie doit devenir le principe de la libre concurrence. Dès lors, la gestion de ces services doit être confiée à des sociétés anonymes (S.A.) à capital social entièrement ou à majorité public, à capital mixte (public/privé) ou à

---

3. Cette « croyance » a été partagée au cours des vingt dernières années par des personnalités les plus diverses. Par exemple, Bill Clinton a déclaré à Genève en mai 1998 « La mondialisation est un fait et non pas un choix politique », ce à quoi a fait écho, à la même occasion, Fidel Castro selon qui : « Crier "À bas la mondialisation" équivaut à crier "À bas la loi de la gravitation". »

capital privé. Ces sociétés peuvent être cotées en Bourse. Le
gouvernement pense que ces sociétés devraient être de tailles
industrielle et commerciale suffisamment grandes pour faire
face à la concurrence, sur les marchés européens et mondiaux,
des grandes compagnies multinationales privées françaises, alle-
mandes, britanniques et scandinaves dans les secteurs de l'énergie, des transports, de l'eau, du traitement des déchets.

Dans ce contexte, la TUC chante la gloire du *néo-capitalisme
municipal marchand*, en forte expansion en Europe, d'après
lequel les collectivités territoriales publiques (les communes, les
agglomérations urbaines, les syndicats de communes rurales)
sont transformées en entreprises « industrielles » privées *multi-
utility*, lancées à la recherche du profit le plus élevé possible et
mises en concurrence avec d'autres collectivités territoriales. Ce
faisant, les responsables politiques locaux (maires, conseillers
municipaux...) deviennent des propriétaires actionnaires intéressés principalement à l'augmentation des dividendes distri-
bués aux caisses communales par les entreprises *multi-utility*
« locales », dont le caractère public n'est plus qu'un souvenir.
En outre, les biens « territoriaux » locaux matériels (la terre,
l'eau, les espèces végétales) et immatériels (les services de santé,
de transport, d'éducation), en principe considérés, jusqu'à une
époque récente, comme des biens et des services de nature/pro-
priété publique, deviennent des biens économiques territoriaux
compétitifs, dont la valeur est déterminée par leur mise en
échange et usage concurrentiels auprès d'investisseurs et de consommateurs du territoire donné et en dehors de celui-ci.

Ainsi, les tenants de la TUC considèrent qu'aucun obstacle à
la liberté de mouvement des capitaux et des marchandises ne
peut être toléré. La fonction fondamentale de l'OMC est de sup-
primer tous les obstacles commerciaux, tarifaires et non
tarifaires, qui empêchent la création du Grand marché unique
mondial. Percy Barnevik, l'ex-président de l'ABB – grande
multinationale suisse-suédoise – et l'un des patrons européens
les plus admirés et respectés des années 1990, l'explique avec
clarté : « Je définis la globalisation comme la liberté pour un
groupe d'investir où il veut, quand il veut, en ayant le moins

d'obligations contraignantes en matière de droit du travail et de conventions collectives sociales[4] ».

D'après la même logique, aucune forme de protection de l'économie nationale ne doit être admise, pas même contre la spéculation financière et les fameux *raiders* (prédateurs) qui, comme des pirates de la globalisation, ont accompli au cours des 30 dernières années razzia sur razzia dans le monde entier, sans être dérangés. Ce n'est qu'après le 11 septembre 2001 – et non suite aux fréquentes et nombreuses crises financières qui ont ébranlé les économies de l'Asie du Sud-Est et de l'Amérique Latine – que les dominants ont admis, avec une grande réticence, la nécessité d'un certain contrôle politique sur les marchés financiers et les paradis fiscaux. Mais sans penser, même de loin, à la suppression des paradis fiscaux![5]

SECUNDO : LA DÉRÉGLEMENTATION

La déréglementation signifie le transfert à des organismes privés, économiques et financiers, des pouvoirs de réglementation de l'État, jusqu'ici aux mains et sous la responsabilité de l'État. Par conséquent, l'action de l'État est limitée à la création de l'environnement le plus propice afin que les sujets économiques privés puissent opérer librement dans le cadre du marché. Ce n'est pas aux citoyens (c'est-à-dire à l'État, à travers les institutions représentatives élues) d'assurer le gouvernement de la société, de fixer les normes et les critères de fonctionnement de l'économie et d'en évaluer de manière régulière et transparente les résultats. La déréglementation conduit à confier cette tâche aux producteurs, aux consommateurs solvables et, surtout, aux entreprises financières et aux grands bureaux privés d'expertises juridique, commerciale, fiscale et technologique, sur lesquels repose ce pouvoir de la connaissance des groupes dominants.

---

4. Georges Menahem (sous la direction de), *Enquête au cœur des multinationales*, Éditions Mille et une nuit, Paris, 2001, p. 9.
5. Sur les grands mouvements spéculatifs qui ont précédé la catastrophe du 11 septembre 2001, voir l'analyse détaillée faite par le membre du Parlement européen Giulietto Chiesa, *11 septembre 2001 : redditizie speculazioni alla vigilia*, www.disinformazione.it.

Par ailleurs, le pouvoir des « autorités régulatrices » à travers lesquelles l'État devrait exercer sa puissance de contrôle sur l'économie libéralisée et déréglementée, a été ces dernières années considérablement réduit pour deux raisons : il reste confiné au niveau national, tandis que les secteurs qu'il doit réguler deviennent mondiaux ; les connaissances techno-scientifiques nécessaires pour déterminer les règles sont de plus en plus l'apanage des entreprises privées. Ainsi, ce sont les contrôlés qui fournissent aux contrôleurs les éléments de connaissance et les critères d'évaluation, sur la base desquels les autorités régulatrices donnent leur autorisation et contrôlent le respect des règles en matière de tarifs, de standards d'investissement, de la qualité des services rendus, de la protection des utilisateurs[6].

L'exemple de l'Union européenne est plus que significatif. La création du marché unique européen à partir de 1992 a contribué au démantèlement graduel – total à long terme – de la régulation politique des économies nationales (élimination des monopoles publics dans le domaine des biens et services collectifs, ouverture des marchés nationaux à la concurrence européenne), sans toutefois faire émerger un pouvoir politique régulateur de l'économie européenne au niveau de l'Union. D'un côté, donc, il y a transformation de la réglementation politique nationale en une activité visant à faciliter ce qu'on appelle l'adaptation des règles nationales aux règles européennes de l'espace marchand européen unique. De l'autre, on assiste à la consolidation et au renforcement de grandes structures oligopolistiques privées contre lesquelles les autorités régulatrices nationales, et en particulier l'autorité antitrust européenne, ont un pouvoir d'intervention limité, malgré la publicité donnée à certaines interventions de la Commission européenne concernant des projets de fusion entre entreprises et des situations marquées par des positions dominantes[7].

---

6. Sur la libéralisation en général, on peut lire, en français, *Les dossiers de la mondialisation, Manières de voir,* janvier/février 2007, *Le Monde diplomatique*, Paris.
7. La vocation actuelle de l'Union européenne, fortement imprégnée de libéralisme, n'est plus mise en doute. À l'aune de l'impératif de la création

Les limites au pouvoir d'intervention de l'Antitrust européen découlent, aussi, d'un choix fait par les autorités européennes qui consiste à ne pas intervenir à l'égard de positions oligopolistiques qui seraient le résultat d'un fonctionnement correct du marché concurrentiel et qui, de surplus, permettraient à l'économie de l'Union d'atteindre les dimensions d'échelle adéquates pour soutenir la compétitivité mondiale.

TERTIO : LA PRIVATISATION

Tout doit passer sous le pouvoir du privé : les transports urbains, ferroviaires, aériens, l'eau, le gaz, l'électricité, les banques, les assurances ; les hôpitaux, les écoles, les universités, les pensions, la culture[8]. La privatisation – affirment les dominants – permet d'employer les ressources matérielles et immatérielles du pays de la manière la plus efficace et dans l'intérêt des consommateurs.

Dans le cadre de la narration dominante, les notions de biens communs et de biens publics disparaissent. Les biens publics sont transformés en biens d'utilité publique, où par « publics », on entend les biens d'importance générale pour tous, surtout d'importance économique. Dans la très grande majorité des cas, les biens d'utilité publique et les services correspondants sont censés acquérir une valeur uniquement en fonction de

---

du marché intérieur, toutes les mesures proposées par la Commission européenne et adoptées par le Conseil des ministres de l'UE s'inscrivent dans la logique du respect et de la promotion de la libéralisation et de la déréglementation de secteurs entiers de l'économie. Une analyse rigoureuse de la trahison de l'esprit fondateur de la construction européenne opérée par ces processus est contenue dans : Raoul-Marc Jennar, *La trahison des élites*, Fayard, Paris, 2004.

8.   Sur les processus de privatisation, lire Ernst von Weiszäcker (*et al.*), *Limits to Privatisation. How to Avoid Too Much of a Good Thing. A report to the Club of Rome*, James & James, London, 2005 ; David Hall, *Evaluating the impact of liberalisation on public services*, www.psiru.org/reports, 2005. Pour ceux qui seraient intéressés par le domaine de l'eau, voir David Hall, Emanuele Lobina, R. De La Motte, *Public resistance to privatisation in water and energy*, www.psiru.org/reports ; Riccardo Petrella, *Le Manifeste de l'eau*, Éditions Labor, Bruxelles et Page 2, Lausanne, 1998.

l'utilité produite par l'échange entre les producteurs et les utilisateurs/consommateurs. Par conséquent, n'importe quel bien économique doit être soumis aux règles de la concurrence et permettre ainsi au capital privé de circuler librement à travers le monde, sans obstacle de nature politique, juridique ou fiscale, et à la recherche du meilleur rendement possible.

Et après la Sainte Trinité, qu'y a-t-il?

La Pentecôte, à savoir l'innovation technologique. Pour être en syntonie avec l'histoire des dominants, la priorité doit être donnée à l'innovation technologique, à la capacité d'inventer, sans trêve, de nouveaux produits et de nouveaux services moins chers et de meilleure « qualité ». Selon la TUC, la technologie permet d'améliorer la condition humaine, toujours et partout : elle libère les gens des travaux dangereux, elle favorise la créativité, elle permet d'organiser de manière flexible les temps et les lieux de travail.

La technologie permet d'entrer dans le Grand marché unique mondial, c'est-à-dire le « nouveau paradis » où les opportunités peuvent être exploitées au maximum. Le marché mondial représente « la grande opportunité » parce que la globalisation fournit de nouvelles occasions de profit pour tous ceux qui sont prêts à risquer, à se confronter à la concurrence des autres, à innover.

Or, on ne peut prendre part au jeu de la compétitivité mondiale que si l'on possède la technologie qui compte.

Le terme technologie (de *logos* : discours et *technè* : technique) a supplanté celui de technique, c'est-à-dire instrument, surtout dans les dernières décennies, sous l'influence des promoteurs de la TUC. Aux États-Unis, il est systématiquement employé à la place de technique. Ainsi, quand on parle de « révolution informatique », l'accent est mis sur le fait que la technologie informatique serait avant tout un discours sur le réel, un langage du réel, un nouveau langage. La « révolution » ne consiste pas simplement en des techniques permettant de « mieux » faire les choses, à moindre coût et plus rapidement ; la « révolution » signifie une transformation radicale de l'ordre humain. Les logiciels font des ordinateurs des cerveaux humains artificiels capables d'organiser la gestion des relations entre les machines, entre les personnes et les machines, et entre les personnes elles-mêmes.

Comme les langues de feu de la Pentecôte sur la tête des Apôtres ont permis la compréhension entre tous, indépendamment des langues parlées, aujourd'hui – soutiennent les promoteurs de la «société de l'information» – les nouvelles technologies d'information et de communication ont fait exploser les limites et les barrières du temps et de l'espace. «L'esprit du capitalisme» agit toujours et partout pour le bien de tous. Voilà pourquoi les avions doivent voler 24 heures sur 24, et les magasins rester ouverts la nuit, 7 jours sur 7. Le capital ne dort jamais.

J'ai eu l'honneur de diriger pendant 16 ans (1978-1994) le programme FAST (*Forecasting and Assessment in Science and Technology*) de la Commission de l'Union européenne sur la prospective et l'évaluation de la science et de la technologie. La tâche de FAST était d'analyser les possibles conséquences économiques et sociales des changements scientifiques et techniques et, sur cette base, de proposer des orientations pour la politique de la science et de la technologie européenne. Loin de moi, donc, l'idée d'avoir une conception a priori négative de la technologie. Je suis, cependant, parmi ceux qui croient qu'il est nécessaire de s'opposer, avec détermination et avec clarté, à toute forme de déterminisme techno-scientifique et de pouvoir technocratique.

La puissance représentée par le «développement» technologique est telle que le déterminisme et le technocratisme sont des réalités fortement enracinées dans de nombreux domaines et pays. Les promoteurs de la Théologie universelle capitaliste en ont largement profité pour faire croire que l'homme, le travail, l'éducation, le vivre ensemble doivent en permanence s'adapter aux «progrès de la technologie». Ainsi, la très grande majorité des citoyens a été convaincue que l'école et l'éducation doivent être des instruments utilisés pour permettre aux nouvelles générations de s'adapter aux impératifs des progrès technologiques et de la «nouvelle» économie globale.

Il est rare en revanche d'entendre dire par les dirigeants économiques et financiers occidentaux que la technologie doit s'adapter aux exigences des personnes, aux besoins de l'éducation et, principalement, aux besoins des milliards d'êtres humains qui, aujourd'hui encore, et toujours davantage, sont exclus de l'accès aux biens et aux services vitaux de base (eau, alimentation, logement, santé, éducation). Quand ils en parlent, c'est pour réaffirmer la thèse que, si on veut passer à l'action, la solution aux problèmes de l'exclusion des droits vitaux pour des milliards de personnes passe par la technologie, dans le cadre de la libre économie capitaliste de marché.

Jamais la logique de l'offre technologique n'avait prévalu aussi nettement sur la demande sociale. L'innovation technologique est devenue prioritaire car nos classes dirigeantes – conservatrices comme progressistes – ont cru et croient que seule la technologie ouvre de nouvelles opportunités de travail et de richesse, créant de nouveaux moyens et instruments d'action dans tous les domaines, élargissant le champ du possible et donc l'espace de la liberté.

Il s'agit d'une grande mystification. L'expérience montre que l'innovation technologique vise surtout et avant tout à augmenter le pouvoir de ceux qui le possèdent déjà, qui contrôlent l'usage des ressources et le financement de la production des entreprises, qui décident quel développement technologique promouvoir et diffuser pour satisfaire les besoins de quels acquéreurs, consommateurs, villes, régions, pays.

À ce propos, comment se fait-il que la compétitivité soit devenue l'impératif majeur non seulement des entreprises mais aussi des pouvoirs publics et de la société tout entière ?

D'abord parce que l'évangile de la compétitivité est fondé sur quelques idées simples – plutôt simplistes – qui donnent l'impression d'offrir une solution correcte et rapide aux problèmes que chacun de nous est obligé d'affronter.

Par exemple, une de ces idées repose sur l'affirmation que nous sommes tous – individus, entreprises, collectivités – engagés dans une « guerre » économique sans pitié pour le poste de travail, le revenu, l'accès aux ressources. Selon cet évangile, la vie est une lutte perpétuelle pour la survie, spécialement à une époque, comme maintenant, de profonds changements technologiques.

Le changement technologique a intensifié la concurrence à l'extrême. Si tu n'es pas compétitif, tu n'as aucune possibilité de survivre, parce que l'autre – ton ennemi – t'éliminera du marché[9].

Selon la TUC, la survie d'un ouvrier, d'une entreprise, d'une région passe par la compétitivité. En dehors d'elle, aucun salut à court terme, aucune croissance, aucun bien-être économique et social, aucune autonomie, aucune indépendance politique. Tous doivent être compétitifs, même les villes, les universités, les régions, les ONG. L'impératif de la compétitivité est enseigné dès l'école secondaire. Il est bien connu que beaucoup de suicides au Japon, même d'écoliers, sont dus à la pression exercée par la compétitivité.

La récompense promise, bien entendu, est à la hauteur du défi. Si tu es compétitif, tu prouves que tu es excellent. Tu as donc conquis « légitimement » le droit de gouverner les autres, de fixer les objectifs de l'économie et d'en définir les priorités.

Si je suis excellent, je serai récompensé par la grâce, c'est-à-dire la richesse, n'est-ce pas ?

Bien sûr. À l'opposé, celui qui ne rapporte rien devient « redondant », ne vaut plus rien. En 1997, quand j'ai expliqué le concept de redondance (de la « force de travail », d'une marchandise, d'une ressource) dans une conférence publique à Bellinzona, une troupe de théâtre suisse en a été frappée au point d'en tirer un opéra tragi-comique, avec comme titre *Les redondants*, qui raconte la « déchéance » humaine de deux musiciens licenciés par l'Opéra de Lugano suite à un plan de « rationalisation » du personnel.

---

9. Depuis plusieurs années, les administrations publiques, les services de proximité et les activités dites d'économie sociale sont redéfinis de plus en plus en fonction de critères de performance. Les fonctionnaires sont évalués en fonction des résultats obtenus, dans le cadre du « management par tâches ». Le travail d'un bureau de poste ou d'une section d'hôpital est soumis à la même logique d'évaluation qu'une usine de production de tomates en boîtes ou qu'un département d'une société de conseil en gestion de portefeuilles.

La différence entre le Dieu d'Abraham et le Dieu du Marché, c'est que pour le premier, nous sommes tous ses fils et nous avons une valeur, tandis que pour le Dieu du Marché, beaucoup d'entre nous, dès qu'ils ne sont plus rentables pour le capital, deviennent un surplus qui coûte et doit donc être éliminé. Dans cette optique, si quelqu'un vient à être éliminé, c'est seulement de sa faute.

Selon les théories qui aujourd'hui prévalent, les chômeurs et les pauvres se trouvent dans cette situation parce qu'ils l'ont voulu. Le système, disent-elles, offre à tous l'occasion de réussir, en permettant à tous d'entrer en concurrence sur le marché. Si quelqu'un n'y arrive pas, cela veut dire qu'il n'a pas été assez bon, assez compétitif. La sécurité du revenu, le pouvoir d'achat élevé, il faut « se » les gagner. L'évangile de la compétitivité affirme que le monde n'est pas fait de droits, mais de conquêtes. C'est la thèse ouvertement partagée par les trois fameux B, Bush, Blair et Berlusconi, parmi tant d'autres leaders politiques du monde occidental[10]. La réalité quotidienne démontre l'inexactitude et l'indécence de telles thèses. L'Aqueduc des Pouilles en Italie du Sud a annoncé, en septembre 2006, 201 nouveaux postes d'emploi. Il a reçu 47 764 candidatures ! De quoi sont coupables ces dizaines de milliers de personnes, surtout des jeunes, s'ils vivent dans une société qui n'offre plus de travail à tous ? [Sur quatre millions d'habitants, la région des Pouilles enregistre plus de 200 000 jeunes sans emploi.]

Il en va de même en ce qui concerne l'ingénieur chimiste allemand de 50 ans qui perd son emploi car l'entreprise délocalise ses activités de production en Inde où son homologue indien, possédant les mêmes compétences, coûte à l'entreprise 15 à 20 fois moins cher. Il n'est guère légitime de reprocher à

---

10. « Globalisation » est un mot/concept piège. Comme l'a bien écrit Susan George dans *Address to the Executive Committee of the World Alliance*, www.tni.org/george) : « Ce mot donne l'impression que tous les hommes – et toutes les femmes – de toutes les classes sociales, de tous les pays du monde, sont unis dans un seul mouvement en marche vers une Terre promise. C'est exactement le contraire. Le mot masque la réalité. Il désigne plutôt l'exclusion systématique des plus faibles. La globalisation n'est pas une marche de l'humanité vers un avenir radieux... »

l'ingénieur allemand de ne pas être « compétitif ». Pourtant, on le fait...

La thèse de la récompense à accorder aux meilleurs est utilisée dans tous les pays riches du monde non seulement pour justifier, mais aussi pour légitimer la croissance des inégalités de revenu entre les personnes et les familles. Plus la compétitivité est forte, par exemple dans les secteurs caractérisés par des faibles rendements, plus le risque est grand. C'est pourquoi – dit-on – les vainqueurs ont le droit d'être récompensés par de hauts niveaux de revenu. À l'inverse, les perdants doivent être pénalisés en voyant leur disgrâce accentuée par de lourdes pertes de revenu. La forme la plus agressive de cette thèse est représentée par le principe, introduit aux États-Unis, du « vainqueur prend tout ».

Quels groupes soutiennent le pouvoir dominant ?

En premier lieu, il y a les « producteurs » de « science », de « savoirs », de « machines/experts », des différentes disciplines scientifiques (chercheurs, ingénieurs). Cette couche sociale est toujours plus mondialisée. Son avenir dépend du financement de ses activités de recherche, toujours plus tributaire des investissements effectués par les entreprises privées.

Le deuxième allié naturel des groupes dominants est la techno-bureaucratie, constituée par les managers publics de haut niveau, préposés à la définition des règles de fonctionnement et de contrôle des ressources disponibles au niveau national et international. Il s'agit, d'une part, de la techno-bureaucratie de la superpuissance des États-Unis et des principaux pays occidentaux et, d'autre part, de la techno-bureaucratie internationale d'organisations comme l'OMC, le FMI et la Banque mondiale. Ces dirigeants proviennent des mêmes écoles et universités que le premier groupe et que le groupe des managers des entreprises privées. Ils partagent la même culture, sont « ouverts au monde » et à l'innovation technologique et sont sensibles à la charge symbolique de « porteurs de progrès » que l'on associe aux entrepreneurs, aux innovateurs, aux conquérants.

Le troisième groupe, enfin, est constitué des fabricants d'idées[11], symboles, rhétorique, des représentants des médias et du monde de la formation supérieure. Au cours des 30 dernières années, pour des raisons d'ordre financier, les grands médias ont été engloutis par le système dominant d'une façon jamais atteinte précédemment. Transformés eux-même en entreprises commerciales « à haute tension » financière, ils sont devenus les principaux instruments de la diffusion, auprès de l'opinion publique, de l'idéologie de la compétitivité et de la conquête, au point de la faire passer comme un fait naturel.

Selon toi, donc, la Théologie universelle capitaliste donne cohérence et unité aux choix et aux actions des groupes dominants?

Les différences entre les diverses composantes des groupes dominants restent, évidemment, celles liées au contexte historique et socio-économique des divers pays. En ce sens, on ne peut parler d'un bloc politico-culturel monolithique, homogène. Malgré cela, on peut dire qu'il y a une forte unité de visions, de prospectives et de choix qui sont clairement explicités au moyen d'une série de mots-clés utilisés par tous les groupes dominants à travers le monde. Ces mots-clé définissent l'actuel agenda politique mondial qui oriente les décisions des divers pays et détermine les comportements plus ou moins passifs ou d'opposition de la part de l'opinion publique mondiale.

Le tableau 2 (p. 39) donne une vue d'ensemble des éléments idéologiques communs, théoriques, politiques et symboliques, qui structurent la TUC. Le recours délibéré au terme « théologie » et aux concepts utilisés par la « théologie judéo-chrétienne » est justifié, d'une part par la nature théologique de la conception de la société capitaliste de marché et, d'autre part, par le fait que cette conception a été produite dans et par des sociétés de civilisation judéo-chrétienne. Selon la conception de la société capitaliste de marché, le Capital, le Marché et l'Entreprise

---

11. Le rôle de ce troisième groupe dans l'expansion aux États-Unis de la nouvelle Théologie universelle capitaliste a été analysé par Susan George dans « Comment la pensée devint unique ? », *Le Monde diplomatique*, septembre 1996.

représentent les trois faces du même principe d'origine, rôle attribué d'habitude à la divinité (Dieu comme principe de tout, fondement de toute chose et source primaire et principale de légitimation).

Dans la société capitaliste de marché, le Capital est à l'origine de tout, tandis que le Marché est le mécanisme fondateur de légitimation qui trouve dans le taux de profit réalisé par l'Entreprise compétitive innovatrice, la mesure de son efficacité et celle de la valeur du capital[12].

Selon la « théorie judéo-chrétienne », le Dieu d'Abraham est le seul Dieu unique, Dieu vrai, universel. Selon la conception capitaliste, le capitalisme de marché est le seul système vrai, « naturel », et l'unique système possible, universel.

En conclusion de cette première analyse des éléments fondateurs de la narration dominante, on peut affirmer que nous nous trouvons face à une narration du monde particulièrement complexe et riche de principes, de thèses, de dogmes, de prescriptions. Ceux-ci couvrent la totalité des formes et des contenus de vie des êtres humains.

Comme l'illustre le tableau 3 (p. 40), ils composent une vision globalisante et totalisante du devenir humain. Le tableau est une tentative de regrouper les mots-clés de la narration dominante autour de trois catégories principales (la société, la conception de l'être humain, le système de régulation politique) qui permettent de décrypter l'ordre du jour mondial actuellement imposé par ceux qui « ont vaincu » et ont « conquis » le pouvoir formel et réel de gouverner.

---

12. Deux articles intéressants à lire : Michel Beaudin, « Le néo-libéralisme comme religion », *Relations*, octobre 1995, p. 238-240 ; et Michael Löwy, « Le capitalisme comme religion. Walter Benjamin et Max Weber », *Raisons politiques*, Paris, p. 203-219.

Tableau 2

Les fondements	• Le Père	=	Le Capital
	• Le Fils	=	L'Entreprise
	• L'Esprit Saint	=	Le Marché

La nouvelle Arche de Noé	• Le Marché Global	Le Salut	• Être compétitif
Les six Commandements de la « Nouvelle alliance »	• Tu n'arrêteras pas la globalisation, elle est inarrêtable • Tu libéraliseras tous les Marchés • Tu ne laisseras plus à l'État le pouvoir de régulation « économique » • Tu privatiseras tout • Tu dois innover en permanence sur le plan technologique. La science et la technologie sont les principes fondateurs de la richesse • Tu seras le meilleur, le plus compétitif. Ta survie passe par ta compétitivité	Le Péché	• Ne pas se soumettre aux règles du Marché mondial oligopolistique
		Les grands Théologiens	• A .Smith, D. Ricardo
		Les Nouveaux évangélistes	• Les gourous des principales universités des États-Unis, de l'Europe, du Japon et maintenant de la Chine. • Les consultants « officiels » des grandes multinationales privées, des gouvernements et des organisations de l'ONU
La Sainte Trinité	• Libéralisation • Déréglementation • Privatisation	Les lieux de formation des « prêtres » de la TUC	• Les écoles de Management and Business Administration (MBA)
La Pentecôte	• La Techno-logie (le «logos-universel»)	La proclamation « quotidienne » du Nouveau « catéchisme »	• Financial Times, The Wall Street Journal, El Mundo, The Economist, El Sele 24 ore, Le Figaro, Frankfurter Allgemeine Zeitung...
La Grâce	• Le rendement du capital (financier)		

Tableau 3
Les mots-clés de la narration dominante

La société en tant que marché	La vision de l'être humain	Le système de régulation «politique»
Marchandise	Ressource humaine	Libéralisation
Échange	Employabilité	Déréglementation
Commerce	Flexibilité	Privatisation
Entreprise	Adaptation	Partenariat public/privé
Capital	Formation permanente	Vérité des prix
Mobilité	Outsourcing	Gouvernance
Rendement	Reengineering	Vaut ce qui est rare
Compétitivité	Just in time	
Avantages compétitifs	Richesse individuelle	Société de l'information
Shareholders Value	Be a Winner	Use et jette
Stakeholders	Société de la connaissance	Don't think act
Globalisation		Qui gagne prend tout
Coûts/Bénéfices		
Innovation		Souveraineté des marchés

CHAPITRE 2

Facteurs qui ont permis à la Théologie universelle capitaliste de s'imposer

QUELS SONT LES PRINCIPAUX FACTEURS QUI, au niveau mondial et au cours des 30 dernières années, ont favorisé l'affirmation de la narration dominante?

Il s'agit de quatre groupes de facteurs fortement interreliés:

- le premier groupe comprend l'ensemble des dynamiques qui ont conduit les couches sociales conservatrices du monde occidental, qui défendaient les intérêts du capital, à *attaquer l'État du Welfare*;

- le deuxième groupe concerne la *crise du système monétaire et financier* international intervenue au début des années 1970;

- le troisième groupe est constitué par *les révolutions technologiques* et le triomphe de la performance, avec comme conséquence le retour de «l'aristo-cratie» (le «pouvoir des meilleurs»);

- le dernier groupe est relatif à *la faillite du socialisme réel*.

L'attaque contre l'État du *Welfare*

L'État du *Welfare* – appelé aussi État social – tel que nous l'avons connu dans la seconde moitié du XXe siècle est né en 1936 aux États-Unis en réaction à la Grande Crise du capitalisme financier américain. En Europe, des formes avancées d'État social avaient été introduites en Suède, au Danemark et en Norvège dès les années 1920, tandis que c'est après la fin de la Seconde Guerre mondiale que l'État social s'affirmera en Angleterre (modèle Beveridge-Keynes) et en Allemagne sous des formes allant au-delà de la *Sozialmarktwirtschaft* («économie sociale de marché»)[1].

Selon les principes fondateurs de l'État du *Welfare*, la sécurité d'existence de chaque citoyen est un problème de la communauté. C'est à la collectivité d'assurer le citoyen «du berceau à la tombe». À l'époque de l'État du *Welfare*, on disait à un jeune qui venait d'entrer dans le monde du travail : «Si tu travailles huit heures par jour, cinq jours, par semaine, selon l'organisation scientifique et technique du travail que nous t'offrons, nous te garantissons un emploi à vie et un revenu pour toi et ta famille.» Sur cette base, le système de sécurité sociale le protégeait contre les risques majeurs : maladie, accidents. Ce citoyen avait droit non pas à l'assistance, mais à la sécurité d'existence. Il n'était pas un individu assisté, mais une personne membre d'une communauté partageant les même droits et devoirs.

Qu'est-ce qui avait rendu possible l'État du Welfare ?

Avant tout, l'envie de justice et la recherche d'une plus grande solidarité entre les membres d'une communauté et entre les générations. En ce sens, l'État du *Welfare* est principalement le résultat des luttes conduites pendant un siècle par des mouvements ouvriers et sociaux, chrétiens et socialistes, qui se sont battus contre toute forme d'inégalité sociale et politique. Le

---

1. La terminologie utilisée est plutôt riche : État du *Welfare* (*Welfare State*), État social, État providence, État protecteur, système de sécurité sociale... La diversité terminologique concerne davantage les préférences des utilisateurs plutôt que la substance des choses. Ainsi, le terme «État providence» est utilisé pour souligner, – de manière critique – le fondement paternaliste, de nature quasi divine, du rôle de l'État.

développement de l'État du *Welfare* a été favorisé aussi par la pression extérieure provenant d'une idéologie – le communisme – représentée concrètement par un État nouveau, l'URSS, né en Russie suite à la Révolution d'octobre 1917, qui s'était donné l'objectif non seulement d'instaurer une société communiste/socialiste dans les anciens territoires de l'Empire tsariste, mais aussi de lutter à travers le monde pour le renversement de la société capitaliste.

La présence de la concurrence représentée par une alternative qui attirait l'adhésion de centaines de milliers de personnes à travers le monde, pas seulement parmi les pauvres, les exclus, les couches sociales défavorisées, poussa en quelque sorte les classes dirigeantes occidentales à céder à certaines revendications sociales pour démontrer que le capitalisme « social » de marché était meilleur que le « communisme ». Enfin, la scolarité obligatoire a aussi largement contribué à la formation de l'État du *Welfare*, faisant croître la culture civile et sociale des citoyens. La scolarisation, par exemple, a permis de promouvoir la libération de la femme.

Avant l'État du *Welfare*, les personnes qui ne travaillaient pas n'avaient pas de droits sociaux. Dans le cadre du système du *Welfare*, même ceux qui, pour l'une ou l'autre raison, n'ont plus un travail rémunéré ont droit à la sécurité sociale. Encore jusqu'au milieu des années 1990, le système du *Welfare* en Europe occidentale prenait en charge ou cherchait à prendre en charge à même les fonds publics les difficultés de tous. Il ne s'agissait pas de se protéger tout seul, l'un contre l'autre, mais mutuellement : tous devaient (au moins sur le plan de la loi) bénéficier d'une juste protection sociale.

L'État du *Welfare* s'était donné l'objectif de permettre à tous d'avoir les mêmes chances de départ et d'accès à la citoyenneté (civile, politique et sociale), quels que soient le sexe, la race, l'âge et le revenu. Dans le modèle européen d'État social, on considérait que la solidarité n'était pas un acte de générosité, mais le fondement même d'une économie efficace. La distribution de la richesse, c'est-à-dire la répartition des augmentations de productivité entre capital et travail, était le résultat de décisions prises par des institutions démocratiques – les parlements – et par la voie de la concertation et de négociations menées sous l'égide de l'État entre tous les groupes sociaux du pays ou leurs représentants (entreprises, syndicats). Le résultat a été particulièrement positif : entre 1950 et 1975, les inégalités de revenu entre les citoyens et entre les régions d'Europe occidentale ont été réduites.

Et pourtant, des inégalités sont restées...

Certes, le *Welfare* est loin d'être un système parfait ! Il n'empêche qu'avec ce système, les revenus ont augmenté pour tous. C'était naturel, parce qu'on s'était mis d'accord sur les modalités de distribution avant de produire la richesse. Un ouvrier savait que le gâteau serait partagé de façon à rémunérer le travail de manière juste et donc qu'une partie des augmentations de productivité lui serait attribuée. Il savait que la productivité du pays était considérée un « bien » de tous, et pas seulement ni principalement du capital ou de l'État. Il savait tout aussi bien que la productivité était vue comme le résultat de l'ensemble de la population active et que, par conséquent, les décisions sur la répartition des augmentations de productivité seraient prises sur la base d'une concertation sociale générale, publique, conduisant à des contrats de travail nationaux, valables et contraignants pour tous. Par ailleurs, il était conscient que si la productivité n'augmentait pas, le gâteau à partager ne deviendrait pas plus grand.

L'État du *Welfare* n'est pas parti de la thèse selon laquelle il faut d'abord produire la richesse pour la redistribuer. Cette thèse a été considérée non fondée car, pour que le vivre ensemble puisse fonctionner correctement, la communauté doit avant tout fixer « les règles de la maison » concernant les droits et les devoirs de chacun vis-à-vis des biens communs et des services de base essentiels à la vie de toute personne et au vivre ensemble. Les règles sur la redistribution de la richesse produite et disponible doivent être – « naturellement » – fixées avant les règles sur la production.

Il y a une seconde raison pour laquelle cette thèse n'a pas été retenue, c'est qu'elle a été jugée injuste, contraire aux principes fondateurs de l'État du *Welfare*. Elle se fonde, en effet, sur une conception élitiste et inégalitaire de la société : elle accepte que la distribution se fasse selon les forces du marché et, donc, selon les rapports de force inégaux existants, et non dans l'intérêt général de la population, alors que le système du *Welfare* vise à réduire, voire éradiquer, les inégalités.

Existait-il des différences entre les modèles nationaux du Welfare?

L'État du *Welfare* scandinave – et sur un plan plus général, européen occidental – a été construit sur des bases et des modalités différentes de celles des États-Unis, en particulier en ce qui concerne le plein-emploi et le principe d'universalité de la sécurité sociale.

Aux États-Unis, le plein-emploi n'a jamais été considéré comme un objectif du *Welfare*. Dans les années 1950 et 1960, le taux de chômage est resté relativement élevé – 5 à 6 % environ – sans provoquer d'inquiétudes dans le pays. En outre, dans le *Welfare* américain, des allocations familiales n'ont jamais été prévues, et l'assurance maladie a été laissée à la charge de la population active.

Une caractéristique du modèle européen a été la présence d'un système public pour la production et la fourniture de biens et de services de base et, comme déjà signalé, d'une concertation sociale basée sur l'accord entre entrepreneurs, pouvoirs publics et syndicats. À cet égard, l'État du *Welfare* allemand a mis en place les formes de concertation et de codétermination sociale les plus avancées et efficaces au sein du monde occidental.

En général, le *Welfare State* américain a été construit de façon cohérente avec les fondements et les principes de la société capitaliste. C'est pourquoi on l'a défini *Welfare Capitalism*. Dans le modèle britannique aussi, le principe fondateur reste l'économie de marché, mais Keynes et Lord Beveridge ont construit un système dans lequel les mécanismes de marché sont subordonnés aux finalités du *Welfare*[2].

Le *Welfare* scandinave, au contraire, est allé beaucoup plus en profondeur dans la modification des fondements et des mécanismes de l'économie capitaliste. C'est le seul modèle qui

---

2. Le *Welfare* britannique restait, cependant, substantiellement différent du modèle américain au plan des contenus, des mesures concrètes, des mécanismes de gestion.

ne puisse être considéré comme un *corporate Welfare State*, c'est-à-dire un « État social centré sur l'entreprise »[3].

La permanence des principes capitalistes dans le *Welfare* américain, anglais et européen méridional (France, Italie, Espagne), l'a rendu structurellement vulnérable. Il a suffi que les forces sociales favorables à la société capitaliste s'imposent politiquement et culturellement, pour que l'État du *Welfare* soit mis en crise et ensuite démantelé, comme cela s'est produit dans les années 1980 et 1990.

La même remarque vaut pour d'autres conceptions de la société basées sur la recherche d'un compromis entre social et marchand, entre capitalisme et justice sociale ou marché et solidarité, telles que « l'économie sociale de marché » ou « l'économie compétitive solidaire » chères en Europe aux dirigeants de l'Union, notamment à partir de l'ère de la présidence de Jacques Delors. Le compromis est illusoire, voire mystificateur, comme les 20 dernières années l'ont démontré.

Quelles forces ont été contraires à l'État du Welfare ?

Aux États-Unis, de nombreux groupes sociaux du monde des affaires ou liés aux forces conservatrices n'ont jamais accepté le

---

3.   Dans le contexte international marqué par la forte opposition entre l'Est (le communisme) et l'Ouest (le libéralisme/capitalisme), née après la première guerre mondiale et suite à la naissance de l'Union soviétique, les pays appartenant au camp occidental furent libres d'inventer les systèmes politiques et économiques de leur choix à une seule condition, implicite, jamais explicitée en tant que telle, mais à respecter sans exceptions : aucune adhésion à l'idéologie et au système communiste n'était permise. L'anti-communisme a été la discriminante fondamentale qui a défini et, dans le cas de certains dirigeants occidentaux, définit encore, l'appartenance au camp occidental (d'où, en particulier, les « discours » sur l'irréversibilité historique de l'« Alliance atlantique » qui n'ont jamais été que de la rhétorique). La social-démocratie scandinave a été acceptée par les pouvoirs forts de l'Ouest car elle a rejeté toute référence à un quelconque « projet » ou « vision » communiste, ou marxiste, ou soviétique. Dans la même ligne, la R.F. d'Allemagne a déclaré illégale l'existence de partis communistes et, pendant des décennies, dans les autres pays d'Europe, être membre d'un parti communiste était considéré comme une forme dangereuse de collusion avec l'ennemi, d'anti-patriotisme et d'anti-américanisme.

Welfare. Ils ont été même sur le point de réussir à empêcher, en 1936, l'approbation des lois qui instituaient l'État social, grâce notamment à l'appui de la Cour constitutionnelle, qui tenta de les déclarer inconstitutionnelles. À la fin, les forces progressistes autour du président Roosevelt ont eu le dessus. Même chose pour l'Italie, la France, la Belgique, les pays scandinaves et l'Allemagne : les forces sociales conservatrices se sont toujours opposées au système public de sécurité sociale, n'acceptant que des mesures « inoffensives » pour le système c'et-à-dire l'assistance et la charité sociales.

Ces forces sont structurelles, partie intégrante de nos sociétés. Dans 50 ans, elles existeront encore, car elles sont l'émanation du monde des propriétaires et des puissants.

« Conservatrices » elles le sont parce qu'elles expriment les systèmes de valeurs des classes sociales au pouvoir depuis des générations justifiant les inégalités et leur maintien comme si c'était une évolution naturelle des choses. Elles sont partout : dans les milieux bourgeois et de l'ex-noblesse comme dans certains milieux intellectuels, dans les églises comme au sein des syndicats et des nouvelles aristocraties ouvrières et paysannes. Pour elles, l'égalité, la liberté, la fraternité sont des principes « théoriques », fort peu concrets.

À partir de la fin des années 1960, début des années 1970, elles ont critiqué et attaqué avec force et continuité l'État du *Welfare*.

Quel genre de critiques ?

Essentiellement deux critiques :

La première se place au niveau idéologico-moral. Selon les conservateurs, l'accent mis sur les droits aurait annihilé l'esprit d'initiative, la créativité, l'innovation. Ils ne comprennent pas et n'admettent pas qu'il y ait un droit au travail, un droit à la santé, un droit à l'eau, un droit à un revenu minimum ou un droit à l'instruction. D'après eux, ces droits ne sont pas acquis pour toujours mais sont réversibles.

Concéder l'allocation de chômage, par exemple, signifie démotiver le chômeur à chercher un nouvel emploi. Ce qui, à leurs yeux, est encore plus grave, c'est que l'État du *Welfare* aurait pénalisé le droit à la propriété en faveur du droit au travail, à la retraite, à la santé. Il aurait enlevé aux possesseurs du capital tout intérêt à investir, en distribuant la majeure partie de la richesse produite, non à ceux qui ont investi et qui « travaillent », mais à ceux qui n'ont rien fait pour la produire ou, au plus, n'ont contribué à sa production que dans une moindre mesure par rapport aux détenteurs du capital. Selon eux, la suprématie des droits serait immorale[4]. Nicolas Sarkozy a été élu à la présidence de la République française grâce à ce genre d'arguments : il a promis de donner l'argent de préférence à ceux qui travaillent plutôt que d'indemniser les chômeurs qui ne veulent pas travailler.

D'après les forces conservatrices, la sécurité, la maladie, la vieillesse, le chômage, sont des affaires individuelles. Les pouvoirs publics interviennent seulement par compassion. Voilà pourquoi le président américain George W. Bush a dissous l'administration fédérale pour le *Welfare* et en a confié la gestion aux congrégations religieuses.

La deuxième critique porte sur l'efficacité de l'État du Welfare. D'après ses opposants, celui-ci ne serait pas capable de faire reculer la pauvreté[5]. Il alimenterait le « piège de la pauvreté » : l'aide de l'État serait un piège pour les pauvres car, en leur enlevant la motivation et la nécessité de chercher à rentrer sur le marché du travail, il les enfermerait dans leur dépendance en les rendant prisonniers de leur pauvreté assistée. Réduits à un statut d'assistés perpétuels, les pauvres devien-

---

4. Ces arguments ont été soutenus, à partir des années 1980, entre autres, par l'un des intellectuels les plus connus de la droite américaine, Lawrence Mead. Voir ses ouvrages : *Beyond Entitlement. The Social Obligations of Citizenship*, Free Press, New York ; *The New Politics of Poverty. The Nonworking Poor in America*, Basic Books, New York, 1992 ; *From Welfare to Work. Lessons from America*, Institute of Economic Affairs, London, 1997.

5. Dans les années 1980, le livre de Charles Murray, *Losing Ground. American Social Policy, 1950-1980*, Basic Books, New York, 1984, a constitué la « bible » de la croisade de Reagan contre l'État social. L'auteur attribue l'augmentation de la pauvreté en Amérique à la générosité excessive de la politique d'aide aux pauvres qui les aurait réduits à être des assistés et conduits à la dégradation morale.

draient incapables de reprendre confiance en eux-mêmes, de se
réinsérer activement dans l'économie productive. La solution
consiste en une forte réduction des indemnités de chômage de
manière à élargir la différence entre indemnité et salaire minimum garanti. Solution qui – au-delà des conservateurs – a
trouvé un écho favorable non seulement auprès des modérés
mais aussi chez certains groupes et partis politiques dits progressistes, de gauche.

La pauvreté, évidemment, a continué à se développer aux
États-Unis et a commencé à remonter en Europe occidentale et
au Canada, non à cause de l'inefficacité du *Welfare*, mais surtout à cause de facteurs économiques, sociaux, politiques et
culturels liés au modèle de développement de nos pays, et
notamment de nos villes, qui ont conduit à la naissance d'une
nouvelle classe, l'*underclass* (différente de la classe des pauvres),
formée en majorité par une population d'immigrés.

À l'origine de cette incapacité d'éliminer la pauvreté, il y
aurait la crise financière du *Welfare State*, c'est-à-dire l'incapacité de l'État à assurer la couverture des dépenses nécessaires
pour garantir les prestations sociales[6]. C'est cela qui aurait
causé la croissance continue du déficit public et l'endettement.
Le vieillissement de la population, la prolongation de la scolarité
obligatoire, le nombre croissant des jeunes inscrits aux cours
d'enseignement supérieur et la multiplication des pré-retraites à
50/55 ans, auraient contribué à augmenter le nombre de personnes «non productives», bénéficiaires de l'État du *Welfare*,
pesant sur les secteurs productifs.

Par conséquent, pour continuer à maintenir les prestations
sociales, le *Welfare* aurait été frappé d'une «rage taxatoire», et
ceci aurait ultérieurement pénalisé la capacité d'innovation des
entreprises et de l'économie nationale.

Il s'agit de critiques dont la pertinence n'est que partielle. En
réalité, il faut chercher ailleurs les raisons profondes de la
révolte des forces conservatrices contre l'État du *Welfare*.

---

6. Sur ces aspects, les thèses conservatrices ont été «bien» développées
   par le même Charles Murray dans: *In Our Hands. A Plan to Replace
   the Welfare State*. American Enterprise Institute for Public Policy,
   Washington, 2006.

Quelle a été la vraie raison des attaques contre l'État du Welfare ?

Ce fut la baisse du taux de profit du capital à partir de la fin des années 1960, due justement aux effets de la politique de redistribution favorisant les revenus du travail poursuivie par l'État du *Welfare*. Telle fut la troisième et principale critique portée contre l'État du *Welfare*.

Dès ce moment, le principal objectif de tous les conservateurs et néolibéraux du monde – et la motivation qui les a poussés à s'opposer à l'État social – a été le rétablissement de taux élevés de profit pour le capital ; il fallait réorienter la redistribution des augmentations de productivité en faveur des revenus du capital au moyen de la réduction de la fiscalité et du niveau des salaires moyens réels. Cet objectif ne fut pas facile à atteindre d'autant plus que, à partir de la fin des années 1960, le système monétaire et financier du monde occidental s'écroula misérablement. Assez paradoxalement, les forces conservatrices en sortirent renforcées et réussirent à mettre à genoux l'État du *Welfare*.

La crise du système monétaire et financier international

Le système monétaire et financier international, né des accords de Bretton Woods en 1945[7], se basait sur trois piliers : le dollar, les taux de change fixes et la régulation politique nationale du système monétaire. Le dollar était la monnaie internationale de référence, parce que c'était la seule reconnue convertible en or. Un Coréen qui achetait des produits en Argentine ne payait ni en wons, ni en pesos, mais en dollars. Les autres monnaies avaient un taux de change fixe par rapport au dollar. Toute variation du taux de change devait être décidée par les banques centrales des pays occidentaux réunis dans le Club de Paris. Bien entendu, l'opinion publique de la banque centrale des États-Unis – la Federal Reserve Bank – avait un poids déterminant.

Chaque État gardait, même si c'était sur des bases limitées, la souveraineté monétaire nationale. La régulation de la monnaie

---

7. Le bloc soviétique et la Chine furent exclus des accords de Bretton Woods.

et de la finance restait une prérogative des États. L'orientation des taux d'intérêt, la politique fiscale, la politique tarifaire, les marchés publics, restaient des outils efficaces aux mains des pouvoirs nationaux. Grâce à eux, ils conservaient une capacité de contrôle et d'intervention sur l'économie nationale et sur ses interactions avec l'économie internationale.

À la fin des années 1960, début 1970, le système a commencé à grincer dangereusement.

Comment est-il entré en crise ?

À la deuxième moitié des années 1960, les États-Unis sont devenus incapables de maintenir le dollar comme monnaie internationale de référence. Pendant tant d'années, ils avaient inondé le marché de dollars. En outre, à cause de la guerre du Vietnam, leur dette extérieure était devenue difficilement remboursable. Par ailleurs, rembourser les dollars répandus dans le monde aurait conduit les États-Unis, et tout le système financier mondial, à la banqueroute. C'est pourquoi les conseillers du président Nixon l'ont poussé en 1971 à déclarer la non-convertibilité du dollar en or. Ainsi, un pilier fondamental du système monétaire et financier du monde disparut. Les dettes des États-Unis cependant ne disparurent pas. Au contraire...

Avec la fin du système des changes fixes, le gouvernement américain pouvait fabriquer tous les dollars qu'il voulait...

C'est ce qu'il a continué à faire, provoquant une nouvelle instabilité monétaire. La fin de la convertibilité du dollar a mené en 1973 à l'abandon des taux de change fixes et au passage à un système de taux fluctuants. Depuis – et plus de 30 ans ont passé –, nos économies « naviguent » en pleine instabilité monétaire. Il y a eu différentes tentatives pour y remédier : rationalisation de la zone mark avec le serpent monétaire européen, création d'une zone yen en Asie... Elles ont été balayées par la force dévastatrice des mouvements spéculatifs, qui trouvent dans l'instabilité monétaire le terrain fertile le plus propice[8].

---

8. L'impact de la crise financière a été renforcé par le choc pétrolier de 1973, provoqué par le refus, légitime à mon avis, de la part des pays

En 1974, Nixon a enlevé toute entrave aux mouvements des capitaux. À la libéralisation des capitaux a suivi, avec l'arrivée au pouvoir en 1979 de Margaret Thatcher, et en 1980 de Ronald Reagan, une vague de déréglementation monétaire et financière. Le début des années 1980 a vu aussi le lancement des processus de privatisation des banques, des assurances, des bourses.

En une dizaine d'années (entre 1973 et 1985), le panorama monétaire et financier international a radicalement changé. Les États, en particulier, ont perdu le pouvoir de contrôle sur leur monnaie. Celle-ci est devenue une marchandise. Une marchandise que l'on peut acheter, comme tout autre produit, sur les marchés financiers. Résultat : les grands groupes financiers ont pu mobiliser des centaines de milliards de dollars US, uniquement pour des buts spéculatifs. Ainsi le marché des devises a enregistré une croissance massive et fulgurante et a dépassé de loin les marchés des actions et des obligations[9].

Le processus de marchandisation de la monnaie s'est accentué dans les années 1990, grâce à l'informatisation croissante des transactions financières : les banques, les assurances, les bourses deviennent toujours davantage des « lieux » d'information. Petit à petit, l'information joue un rôle déterminant sur la fixation de la valeur des produits et des services financiers.

Les marchés financiers sont rapidement dominés par les transactions purement spéculatives : on estime que – avant le 11 septembre 2001 – seulement 8 % des transactions financières internationales ont eu comme objet des mouvements de capitaux visant à financer la production de richesses réelles ; le reste a été constitué par des mouvements spéculatifs, visant à faire de l'argent en « jouant » sur la grande variabilité des prix des monnaies.

---

producteurs de pétrole de continuer à vendre le pétrole à un prix, selon eux, trop bas, imposé par les pays occidentaux. On a estimé que, suite à l'augmentation du prix du pétrole, un transfert de 5 % de la richesse mondiale a eu lieu en faveur des pays de l'OPEP.

9. En 1987, le Japon aussi a levé toute limitation aux mouvements de capitaux, suivi peu après par l'Union européenne. La « globalisation financière libériste » devint ainsi une réalité, les É.U., le Japon et les pays de l'UE représentant ensemble plus de 90 % des transactions financières mondiales.

Mais ceci ne suffisait pas aux dominants...

C'est exact. Après la libéralisation des mouvements de capitaux, il était nécessaire de faire de même pour le commerce. Le GATT, puis à partir de 1995 l'OMC, a eu la fonction d'accélérer les négociations afin d'éliminer les barrières douanières et les tarifs et de permettre aux biens de circuler librement[10]. Inutile d'avoir des capitaux qui circulent librement si les marchandises ne peuvent le faire. La libéralisation du commerce a accru la mondialisation du système de production. Les entreprises ont commencé à s'implanter partout, mais pour ce faire, elles avaient besoin de nouveaux capitaux.

Nous avons vu que la monnaie est réduite à une marchandise, qu'est-ce que cela implique pour le pouvoir politique, pour l'État?

En perdant le contrôle sur la monnaie, le pouvoir politique a perdu aussi celui sur la politique financière et sur la politique économique en général. Il a transféré ces pouvoirs aux banques centrales, auxquelles il garantit autonomie, voire totale indépendance. C'est aux banques centrales que revient la tâche d'assurer la stabilité des prix et de veiller sur la bonne santé du système bancaire et financier national, avec l'aide de sociétés financières privées de notation de crédit telles que Standard & Poor's, Moody's, Fitch Ratings (toutes américaines), dont le jugement est purement arbitraire et dicté par des critères qui ont peu de rapports avec l'intérêt général et le bien commun. En réalité, une petite poignée de sociétés financières privées a réussi à se faire reconnaître par les autorités publiques le « pouvoir » de juger de la « solidité » des différents acteurs économiques, privés et publics (des entreprises aux communes, provinces, régions, États).

---

10. Le commerce entre les régions les plus riches du monde (Amérique du Nord, Europe occidentale et le Sud-Est asiatique) représente encore environ 80 % du commerce mondial. Suite à l'expansion considérable de l'économie chinoise et de son commerce extérieur et, dans une moindre mesure, de l'économie indienne, l'axe de gravitation du commerce mondial est en train de se déplacer vers le Pacifique.

Or, dans l'actuel système capitaliste de marché mondial, une baisse des cotes de crédit peut signifier la catastrophe : fuite des capitaux, chute des investissements, perte d'attractivité envers les capitaux étrangers. Chaque pays cherche donc à avoir des cotes élevées. Tout gouvernement, même s'il se dit progressiste, lorsqu'il prend une mesure économique ou sociale, attend surtout la réaction des marchés financiers. S'ils réagissent bien, c'est la satisfaction générale. S'ils réagissent mal, c'est la catastrophe. En février 1996, à Davos, Hans Tietmeyer – à l'époque le président de la banque centrale allemande –, l'a reconnu : « Les dirigeants politiques savent qu'ils sont désormais sous le contrôle des marchés financiers. »

Exemple parmi des centaines : au début du mandat du premier gouvernement Prodi, tout le monde se demandait si le nouvel exécutif allait être « crédible » aux yeux des financiers internationaux. Le premier ministre lui-même affirma, lors de la soumission au Parlement de la première démarche financière du nouveau gouvernement, que la manœuvre avait été pensée pour obtenir la confiance des marchés financiers ! Ceux-ci ne tardèrent pas à répondre : deux jours plus tard, une des six sociétés de notation de crédit, Moody's – spécialisée sur l'Italie – donna une cote positive. Même l'opposition dut se taire : les marchés financiers avaient « parlé », ils avaient dit que l'Italie était redevenue « crédible ». C'est à se demander comment il est possible que le présent et l'avenir, dans ce cas, d'une des plus importantes puissances économiques du monde, dépendent du bulletin donné par une société financière privée !

La création de l'euro a été conçue, entre autres, pour permettre à l'économie européenne de se doter d'une monnaie forte fondée sur un pacte européen de stabilité (stabilité des prix, frein et réduction des dépenses publiques, réduction des taxes sur le capital).

Depuis des années, la stabilité des prix a été l'objectif principal des gouvernements des pays occidentaux. Stimuler une politique des biens communs en investissant dans les services publics, prendre de nouvelles mesures pour les jeunes ou les personnes âgées ou les sans-emploi, moderniser les infrastructures publiques dans les domaines de la santé, des transports sur rail ou de la culture non marchande, tout doit être soumis, à l'exclu-

sion du secteur militaire[11], au «jugement» des marchés financiers. Or, les acteurs financiers ne considèrent pas les interventions publiques dans les secteurs mentionnés comme étant des
investissements créateurs de richesse collective. Ils les traitent
comme des dépenses sociales non productives et donc comme
des facteurs inflationnistes.

La perte du contrôle sur les politiques macro-économiques de
la part de l'État signifie, en dernière analyse, que la perte a été
faite, en réalité, non pas au profit des banques centrales mais
des marchés financiers mondiaux. Pourquoi ? Certes, les banques
centrales sont devenues indépendantes par rapport au pouvoir
politique, comme c'est le cas – on l'a vu – pour la Banque centrale européenne mais elles ne le sont pas du tout vis-à-vis des
marchés financiers. Les banques centrales elles-mêmes reconnaissent que leur fonction n'est pas de fixer les taux d'intérêt (le
coût de l'argent), mais de réagir aux taux d'intérêt déterminés
par les marchés financiers, dans le but de tenter de «réchauffer»
le marché si elles l'estiment un peu froid ou de le «refroidir» si
elles l'estiment au contraire un peu chaud[12]. En outre, aucune
banque centrale n'a, à elle seule, assez de pouvoir financier pour
résister aux mouvements spéculatifs.

En cédant la politique monétaire (et le reste qui lui est lié)
aux banques centrales, les États occidentaux ont cédé le gouvernement des politiques économiques et sociales aux marchés
financiers. Cela explique pourquoi les États tendent à taxer toujours moins les capitaux et les transactions financières. Les
entrées diminuant, la dépense publique doit diminuer.

---

11. Selon le *SIPRI Yearbook 2006. Armaments, Disarmament and Interna-
    tional Security,* Stockholm, 2006, www.yearbook2006.sipri.org, la
    dépense militaire mondiale a atteint 1120 milliards de dollars en 2005,
    dépassant le record précédent (1100 milliards) établi en 1998. Les
    États-Unis (507 milliards) représentent à eux seuls la quasi-moitié de la
    dépense mondiale.
12. Elle préfèrent intervenir sous forme de déclarations publiques, convain-
    cues que ce qui compte bien souvent est le facteur psychologique, le
    «climat» des marchés boursiers. Des commentaires appropriés, au bon
    moment, peuvent produire les effets recherchés encore mieux que la
    manœuvre des taux d'intérêt.

Les impératifs économiques pour les États sont devenus, partout :

- inflation zéro ;
- balance des paiements équilibrée ;
- équilibre budgétaire et donc réduction des déficits publics (« pacte de Maëstricht ») ;
- réduction des dépenses publiques, en particulier les dépenses sociales ;
- réduction de la pression fiscale sur le capital et incitations fiscales en faveur des investissements. Concurrence féroce entre les pays pour attirer les investissements étrangers.

Les principes fondateurs et l'application du « pacte de stabilité » ont été dès l'origine assez contestés. Alors qu'il était président de la Commission européenne, l'actuel premier ministre italien Romano Prodi a déclaré « stupide » le pacte de stabilité. Ces dernières années, dans divers pays, il y a eu un relâchement de la contrainte de 3 %. Récemment, en Italie, plusieurs économistes ont remis en question le principe, estimant que l'endettement public, s'il est utilisé de manière avisée, constitue un instrument efficace au service du développement du bien-être économique d'un pays.

Pourtant, l'orthodoxie dogmatique de la TUC demeure puissante et reste la loi de la foi mondiale dans le Dieu Capital et l'Esprit saint du Marché.

Quels effets ont produit les réformes du Welfare, *imposées par la volonté de rétablir des taux de profit élevés ?*

Elles ont débouché sur la dégradation des prestations et sur l'affaiblissement du système de valeurs fondé sur la solidarité et la citoyenneté. Elles ont conduit en particulier à :

- réduire le nombre des personnes couvertes par la sécurité sociale. Des mesures ont été prises pour restreindre le droit aux prestations en cas de chômage ou de maladie, par l'adoption de règles plus restrictives, comme l'allongement de la période d'activité rémunérée pour pouvoir accéder à l'allocation de chômage, la prolongation de la période minimum de cotisation pour bénéficier d'une retraite, la réduction de la période d'indemnisation, la multiplication des conditions et des contrôles pour l'accès à l'assistance;

– augmenter la participation aux frais de la part du malade et à imposer des cotisations complémentaires pour les retraités: création du ticket modérateur forfaitaire, suppression totale ou partielle du remboursement de certains médicaments, incitation à souscrire des assurances complémentaires;

– augmenter la sévérité des contrôles et des limites imposées: contrôle de l'absentéisme des travailleurs de la part des employeurs, augmentation des temps de non assistance.

En quelques années, on a assisté partout à:

– *l'amputation de la citoyenneté.* Celle-ci n'est plus un droit appartenant à chaque membre d'une communauté humaine, mais est soumise à des conditions toujours plus restrictives. On dit désormais que le droit au travail ne peut plus être garanti à tous. Dès lors, il en va de même pour le droit à la sécurité sociale. Le revenu minimum garanti n'est plus accessible si l'on ne satisfait pas à certaines exigences, toujours plus nombreuses;

– *la réduction du champ de la solidarité.* Celle-ci n'est plus proposée comme le principe fondateur de nos sociétés. Son application rencontre des difficultés et des limites croissantes;

– *la réduction de la richesse commune (la* res publica) *et des espaces publics.* Suite à la privatisation de la majeure partie des biens et services jadis publics, les citoyens d'un État n'ont plus grand chose en commun, ni la forêt, ni l'eau, ni l'éducation, ni la poste. Les espaces d'intérêt, d'action et de culture collectifs se sont rétrécis comme l'ont fait, *mutatis mutandis*, les glaciers du monde entier sous l'effet du réchauffement climatique!

Il y en a qui soutiennent que la suprématie de la finance sur le politique n'est pas un phénomène nouveau, mais que déjà au

XIXᵉ siècle, ce qu'on appelait la haute finance gouvernait le monde des pays développés.

Il s'agit d'une thèse superficielle et simplificatrice. La finance et la politique du XIXᵉ siècle ne sont pas comparables à la finance et à la politique actuelles. Les rapports entre la politique et la finance le sont encore moins. La nature des marchés financiers était bien différente à une époque où l'on n'utilisait même pas le téléphone par rapport à aujourd'hui où opèrent ceux qu'on a appelés les « quatrièmes marchés », à savoir les marchés financiers entièrement informatisés. La volatilité intrinsèque aux marchés financiers actuels, sur laquelle se basent, entre autres, le pouvoir de la finance et sa suprématie sur le pouvoir politique, était impensable au XIXᵉ siècle. La forme du pouvoir financier représentée aujourd'hui par les six grandes sociétés privées de cotation n'existait pas non plus. [Or, comme on le sait, le politique (les États, les gouvernements, les entités territoriales publiques) accepte de se soumettre à un tel jugement!] Une situation impensable au XIXᵉ siècle.

Les « révolutions » technologiques et l'évangile de la compétitivité

Dans le changement décrit jusqu'ici, quel a été le rôle des révolutions technologiques ?

Il a été d'une grande importance, même si, comme j'ai essayé de le mettre en évidence déjà dans les premières pages du livre, on ne peut pas attribuer à la technologie le rôle de définition et de construction de nouvelles formes de société.

L'importance est incontestable en ce qui concerne la « révolution informatique ». Celle-ci a transformé l'*engineering* des systèmes de production, de commerce et distribution, et l'usage des biens et services. Comme nous le verrons mieux dans le chapitre suivant, le travail humain a été profondément redéfini et transformé. La puissance militaire a augmenté de manière vertigineuse. On peut dire de même de la puissance des flux financiers et des flux commerciaux en termes de masse, de fiabilité, de rapidité. À partir de la moitié des années 1970, l'ordinateur et le télécopieur ont eu un impact considérable sur le fonctionnement des entreprises, des bureaux, des services publics.

La « révolution informatique » a joué un rôle important dans le démantèlement du *Welfare*. Avant tout, elle a été utilisée pour délégitimer les réglementations nationales et internationales en la matière, avec le prétexte que les informations n'ont pas de frontières et qu'elles ne peuvent être enfermées dans les « boîtes territoriales » que sont les États « souverains », mais qu'elles doivent être libres dans leur diffusion et leur circulation. La société de réseau – ont prétendu les opposants à l'État du *Welfare* – doit être un système mondial ouvert, un système d'information globale sans État.

En second lieu, ils ont soutenu, en reprenant les thèses sur la complexité, que les nouvelles technologies créent un monde fondé sur l'instabilité, l'incertitude et l'insécurité structurelles dans un contexte de changement permanent. Il n'y aurait donc plus d'espace pour la stabilité, la garantie, la sécurité, la protection, le long terme. Ainsi, selon les critiques du *Welfare*, la révolution informatique aurait-elle fait perdre la valeur politique – le long terme – qui a depuis toujours été considérée comme le privilège du pouvoir de l'État. Ce qui compte, en revanche, serait le court terme, le changement, les flux, les mobilités continues, le nomadisme, l'instantanéité. Dans ce contexte, l'État social, et le concept de sécurité collective sur lequel il se fonde, n'auraient plus de sens.

En troisième lieu, les révolutions technologiques ont été utilisées pour renforcer les fondements idéologiques de l'évangile de la compétitivité qui a élevé au rang de dogme principal de la TUC l'idée que tout est – et doit être soumis – à la compétitivité. Personne – qu'il s'agisse d'un entrepreneur, d'un ouvrier, d'un instituteur, d'un banquier, d'un épargnant, d'une ville, d'une région, d'un État, d'un musée, d'une université, d'un artiste, d'un régime fiscal, d'une salle de concert... – ne peut échapper à la mesure de sa compétitivité, par laquelle passerait son droit à la vie, c'est-à-dire sa survie.

Les nouvelles technologies amplifieraient la créativité des meilleurs (les *aristos*), en leur donnant de nouveaux « titres de noblesse » fondée sur la connaissance. On ne peut pas, dès lors, ont soutenu et affirment encore les groupes dominants, « emprisonner » la créativité dans les « caisses » de la solidarité. La solidarité dépendrait, d'ailleurs, de la compétitivité de l'économie nationale, des entreprises compétitives. Un pays, une ville, une région qui ne seraient pas compétitifs ne pourraient pas garantir la solidarité en leur sein. « Soyez donc compétitifs, les plus forts, les meilleurs » ont prêché les évêques et les prêtres de la TUC.

Cela nous amène, en quelque sorte, au quatrième facteur qui a contribué à l'affirmation de la TUC, la faillite du socialisme réel.

La faillite du socialisme réel

Selon toi, la faillite et l'effondrement du socialisme réel a été le quatrième des facteurs qui ont favorisé la naissance et l'affirmation de la TUC. Peux-tu t'expliquer à ce sujet ?

Le fait que le socialisme réel ne représentait plus une alternative à l'État du *Welfare* des pays « occidentaux » était déjà clair en 1964, quand Nikita Khrouchtchev a dénoncé les dévastations de l'économie « socialiste » opérées par le stalinisme, et a admis que, pour sauver l'économie de l'URSS, il fallait introduire le marché et le mécanisme des prix libres, non fixés par l'État. Cette évidence fut renforcée sous l'ère de Brejnev. Le mérite de Gorbatchev a été de faire naître un système différent sans abandonner certaines valeurs initiales du socialisme-communisme « humaniste ».

Les mêmes observations sont valables pour les pays de l'Europe centrale et orientale. Le « socialisme réel » de ces pays cessa d'être une alternative dans les années 1970, suite à la défaite *manu militari* de la tentative de Dubcek lors du « printemps de Prague ».

En ce qui concerne la Chine, bien peu nombreux furent ceux qui, à partir de la fin des années 1970, continuèrent à croire en ce pays comme un modèle alternatif au système « occidental ». Vu l'évolution de la Chine au cours des 20 dernières années, ils ont eu bien raison[13].

Certes, l'écroulement des modèles de socialisme réel a contribué au renforcement de crédibilité de la narration dominante, mais il n'est pas exact d'affirmer, comme le prétendent ceux qui soutiennent la thèse de la « fin de l'histoire », que l'écroulement

---

13. L'entrée de la Chine dans l'OMC a supprimé les derniers doutes.

du socialisme réel aurait démontré le caractère naturel et l'inévitabilité du système capitaliste de marché mondial.

L'effondrement du « socialisme réel » n'a démontré aucune bonté intrinsèque, ni aucune supériorité du système capitaliste. Il a surtout démontré l'échec du socialisme/communisme selon les modèles tentés en URSS, en Chine et ailleurs. L'Église catholique a eu l'Inquisition, mais cela n'a pas signifié à l'époque, et cela ne veut pas dire aujourd'hui pour des millions de fidèles, que la religion catholique est dépassée.

L'écroulement du socialisme réel a contribué au renforcement de la narration dominante pour une raison différente. Comme souligné plus haut, l'État du *Welfare* a été accepté par les classes au pouvoir en vue de démontrer, entre autres, que le système capitaliste de marché pouvait, dans la version du *Welfare* américain, comme aussi dans la version libérale-sociale britannique, répondre de façon plus efficace que le socialisme-communisme à l'objectif de la réalisation d'une société juste, solidaire, démocratique et fondée sur l'égalité entre tous les citoyens.

Avec la perte de crédibilité du socialisme réel, les groupes sociaux conservateurs ont réussi à reconquérir tout ce qu'ils avaient perdu en termes de privilèges et de pouvoir. Les dominants ont cherché à retirer un bénéfice économique et politique de l'effondrement des pays socialistes. Ils l'ont fait en réussissant à imposer une grande mystification. En partant d'une observation juste (le socialisme réel avait détruit toute forme de liberté) et d'une affirmation gratuite (le capitalisme de marché serait fondé sur la liberté de tout et pour tous), les dominants ont réussi à faire croire à la grande majorité de la population que le capitalisme de marché mondial est le système optimal d'organisation universelle des relations entre les êtres humains, les peuples, les civilisations.

CHAPITRE 3

La société résultant de l'application de la Théologie universelle capitaliste

Un monde pour un petit nombre

COMPTE TENU DES LOGIQUES DÉCRITES jusqu'à présent, quel type d'espace reste-t-il aux êtres humains ?

Dans le contexte décrit, il ne reste aucun espace « humanisant ». Le *chacun pour soi* est devenu le mot d'ordre de tout individu, groupe social, organisme, pays, ville, région. On assiste à l'affirmation de l'individualisme à outrance, comme si la survie était la seule logique comprise et assimilée par tous, dans toutes les parties du monde. Désormais, partout, chaque fois que les pouvoirs publics tentent, ce qui est rare, d'introduire des mesures visant à affaiblir les fragmentations créées par et autour des intérêts corporatifs, la réaction des individualismes de groupe et des sujets forts est toujours plus violente, poujadiste, à commencer, souvent, dans les pays développés, par les syndicats des groupes sociaux privilégiés.

L'individualisme est une conséquence directe des stratégies basées sur *l'itinéraire individuel d'optimalisation de l'utilité personnelle.* Partout, on enseigne que le chemin de la survie et du succès passe par la maîtrise de l'environnement dans lequel on vit ; et que seules nos propres capacités nous donnent les moyens d'atteindre nos objectifs. Dans cette logique, l'éducation et la formation sont des instruments puissants que chacun doit chercher à mettre au service de son potentiel individuel, tout au long de la vie. Tous doivent avoir un ordinateur pour pouvoir communiquer librement, à leur guise. Le travail sert surtout à acquérir – et augmenter – le revenu personnel, ainsi qu'à garantir l'accumulation du capital nécessaire pour couvrir sa sécurité et financer sa retraite. Tous doivent posséder une voiture pour satisfaire leurs besoins de mobilité.

On accepte comme inévitable l'explosion des individualismes aveugles. L'agressivité devient l'expression sociale la plus cohérente. On perd la confiance dans les vertus et dans l'utilité de la reconnaissance de l'autre. La coopération avec l'autre est devenue un instrument opportuniste au service de la stratégie de la survie. C'est le cas des alliances stratégiques et des coopérations inter-entreprises, qui continuent à abonder dans tous les domaines. La majeure partie de ces coopérations répond principalement à l'objectif de chaque « associé » de devenir plus fort, jusqu'à éliminer si nécessaire le partenaire-concurrent. Ce qui explique le pourcentage élevé de mortalité de ces alliances.

Le scepticisme se généralise même parmi les jeunes. Nombre d'entre eux sont devenus incapables de croire que les autres peuvent les regarder et se comporter envers eux avec respect, générosité, amitié, esprit de coopération ou avec une volonté d'exister et de faire ensemble. En outre, on a l'impression que nous avons tous perdu confiance dans les institutions collectives.

Le scepticisme envers les institutions parlementaires, de la justice, de l'administration, semble être devenu une mode universelle, un jeu auquel on s'abandonne même avec complaisance. Un certain fatalisme a pris la place de la culture des projets.

En bref, le sentiment de faire partie d'une communauté sociale préoccupée du bien commun est entré en hibernation. Le nombre des catégories d'exclus augmente sans cesse. Les expulsions forcées de clandestins, l'interdiction d'accès aux espaces publics pour les clochards en Europe, aux États-Unis et au Japon, l'interdiction d'accès au marché du travail pour qui est « sans qualification », la marginalisation économique et culturelle des « sans ordinateur », les menaces d'« euthanasie économique » qui pèsent sur les personnes âgées sans ressources financières adéquates (on ne pourra plus les aider en raison des coûts), et l'accusation portée contre les malades du sida d'être sans moralité sont des manifestations typiques, anciennes et nouvelles, de la dissolution du lien social, du refus de l'autre, du refus du partage.

L'affirmation de l'identité nationale, qui a émergé avec force dans tous les pays à l'occasion du Mondial de football 2006, ne modifie pas la situation ; au contraire, on pourrait dire que l'exploitation de l'identité nationale à partir du sport est fondée sur la volonté de battre l'autre sur l'orgueil de gagner sur l'autre. Elle pointe surtout des catégories sociales, par ailleurs exclues ou marginalisées.

Les nombreux indicateurs économiques, sociaux et culturels dont, heureusement, nous disposons grâce en particulier au travail louable réalisé depuis tant d'années par le PNUD[1], avec la publication du *Rapport annuel sur le développement humain dans le monde*, confirment que, à partir des années 1980, les inégalités structurelles ont augmenté entre les groupes sociaux au sein d'un même pays, et entre les différents pays du monde, contribuant ainsi à créer un monde « réservé » toujours plus restreint[2].

Selon les promoteurs et les défenseurs de la TUC, la croissance des inégalités ne serait pas confirmée par les chiffres. Ils soutiennent que la globalisation capitaliste aurait contribué à réduire les inégalités de base, parce que – prétendent-ils – si les riches sont devenus plus riches, les pauvres sont devenus moins pauvres. Ils affirment en outre que la globalisation aurait pu améliorer encore davantage les conditions de vie de centaines de millions de personnes si l'on avait éliminé les obstacles à la

---

1. Programme des Nations unies pour le développement. Le PNUD est l'agence des Nations unies la plus importante en termes de ressources financières, de personnel et d'actions sur le terrain. Elle est aussi responsable de la rédaction du « Rapport annuel sur le développement humain » dans le monde, devenu un instrument précieux d'analyse et d'information.
2. D'après le PNUD, *Rapport sur le développement humain 2005*, Economica, Paris, 2005, les 20 % les plus riches de la population des États-Unis contrôlent 45,6 % du revenu du pays, tandis que les 20 % les plus pauvres doivent se contenter de 5,4 %.

pleine réalisation des principes et des mécanismes de l'économie capitaliste de marché[3]. Il s'agit d'affirmations abusives, sans fondements.

La pauvreté augmente et les inégalités tendent à croître. Ce qui est aussi très grave, c'est que les classes dominantes sont entrées dans une logique de pensée suivant laquelle il serait devenu pratiquement impossible d'éradiquer la pauvreté et, donc, d'éliminer les inégalités entre les êtres humains sur le plan du droit à la vie.

En 1974, les dirigeants des pays riches s'étaient engagés à éradiquer la pauvreté pour l'an 2000 et, à cette fin, avaient décidé de consacrer 0,7 % de leur PIB au financement des politiques d'« aide » aux pays « sous-développés ». En 1995, à Copenhague, à l'occasion de la Conférence mondiale des Nations unies sur la pauvreté et l'exclusion sociale, ils ont dû reconnaître que, 20 ans plus tard, le fossé entre les engagements pris et ceux réalisés était resté considérable. Malgré cela, ils ont confirmé leur volonté d'atteindre les 0,7 % et d'éradiquer la pauvreté.

À peine cinq ans plus tard cependant, au Sommet du millénaire des Nations unies, à New York, ils n'ont pu cacher que l'aide aux pays « sous-développés » – même après les engagements reconfirmés à Copenhague – était restée faible, juste au-dessus de 0,2 %. Ils ont donc approuvé les Objectifs du développement du millénaire 2000-2015, par lesquels ils ont abandonné l'objectif de l'éradication de la pauvreté et affirmé, sans aucune pudeur, que le seul objectif possible, « réaliste », dans la lutte contre la pauvreté était de diminuer de moitié en l'an 2015 le nombre des « extrêmement pauvres » (ceux qui « vivent » avec moins de 1 $ par jour, c'est-à-dire 1,3 milliard d'êtres humains). Rappelons que le total des pauvres absolus, couvrant ceux qui ont moins de 2 $ par jour, s'élève à 2,7 milliards (sur une population mondiale de 6,4).

À la Conférence mondiale des Nations unies sur le financement pour le développement, tenue à Monterrey en mars 2002, dont la tâche était la reformulation des principes

---

3. Il s'agit d'une thèse qui ne trouve aucun support empirique dans la réalité d'aujourd'hui, ni dans le passé.

fondateurs et des priorités de la politique mondiale du développement, les puissants ont répété l'impossibilité d'éradiquer la pauvreté, s'engageant (?!) à porter, en 2006, les « ressources financières destinées à la coopération au développement » à 0,4 % du PIB.

La même litanie a été serinée à l'Assemblée générale des Nations unies en septembre 2005, dédiée à une évaluation, à un tiers du chemin parcouru, des résultats obtenus dans la réalisation des Objectifs de développement du millénaire. À cette occasion, on a même osé affirmer que la diminution de moitié du nombre des « grands pauvres » pour 2015 représentait de toute façon un objectif « ambitieux » ! Selon les dernières informations disponibles (juillet 2007), l'objectif de l'allocation du 0,4 % du PIB ne sera pas atteint.

L'idée d'un monde pour un petit nombre fait désormais partie des visions et de la culture des groupes dirigeants actuels. C'est comme si nous étions retournés à l'époque de la « naturalité » des divisions entre nobles et plébéiens, entre hommes libres et esclaves.

La personne réduite au rang de ressource humaine

On constate chaque jour davantage combien le principe d'un monde pour un petit nombre s'est installé aussi dans le domaine du travail. Quelles sont les conséquences de la Théologie universelle capitaliste sur la nature et le rôle du travail ?

Une des plus grandes conséquences de la primauté donnée à la productivité et de l'impératif du haut rendement financier, c'est que nous ne sommes plus des personnes, mais avons été réduits au rang de « ressources humaines ». Chacun de nous est devenu une molécule de production. Nous ne sommes plus des ouvriers, des paysans, des cadres dirigeants, mais des « ressources », tout au plus du « capital humain ».

Présentée comme un progrès (n'affirme-t-on pas de toute part que la « ressource humaine » est la principale « richesse » d'une entreprise, d'un pays ?), cette réduction a eu deux effets pervers.

En premier lieu, comme « ressource », le travailleur a cessé d'être un sujet social. La « ressource humaine » n'a pas de voix, ne crie pas, n'a pas d'identité sociale collective ni, donc, de représentation sociale. Il n'existe d'ailleurs pas de « syndicat des ressources humaines ». Le travail humain sort du champ social, la « ressource humaine » est reléguée au domaine de la gestion. Elle n'a pas de droits civils, politiques, sociaux, culturels : c'est un moyen – justement, une ressource – dont la valeur d'usage et d'échange monétarisé est déterminée par le bilan d'entreprise. La « ressource humaine » est organisée, gérée, valorisée, déclassée, recyclée, abandonnée par le management de l'entreprise en fonction de sa contribution à la productivité et à la compétitivité de l'entreprise, de la région, du pays.

Deuxième effet : dépossédé de son sens en tant que sujet social et « extrait » de son contexte politique, social et culturel, le travail humain est devenu un objet. Comme il y a la ressource café, la ressource pétrole, il y a ainsi la ressource humaine : une marchandise qui doit être disponible, « librement », partout, comme toute autre ressource matérielle et immatérielle. Ainsi, le travail humain est-il devenu un coût pour le capital. Il n'est plus considéré comme la source principale de création de richesse. Ce rôle est attribué au Capital. Selon un témoignage digne de foi, une personne a entendu à Bruxelles, à la fin novembre 1999, le responsable d'un bureau de travail intérimaire répondre au téléphone : « Je regrette, madame, mais aujourd'hui je n'ai pas la marchandise que vous demandez ! »

Dans ce contexte, inutile de parler de droit au travail. Le droit de la ressource humaine à l'existence et au revenu dépend de sa performance, de sa rentabilité. Elle doit prouver qu'elle est employable : de là, la substitution du principe du droit au travail par le principe d'employabilité. Les « nouveaux progressistes » appellent cette transformation la « politique sociale active du travail »[4].

Enfin, plus les pouvoirs publics s'inscrivent dans la logique de la soumission à l'impératif de la compétitivité, plus les entreprises sont laissées libres d'agir comme elles le croient dans la gestion de leurs « ressources humaines » : cela explique l'aban-

---

4. Le concept d'*employabilité,* au lieu de « droit au travail », a été officiellement utilisé, la première fois, par le Conseil européen de l'Union européenne du 15 mai 1998 à Cardiff sous la présidence du Royaume-Uni.

don des contrats de travail à long terme, qui garantissaient au travailleur une série importante de droits individuels et collectifs. Mieux, les contrats de travail à court, très court terme, et à temps variable, avec des garanties sociales minimales, le reste laissé à la charge des travailleurs, sont devenus la règle. Comment s'étonner que, dans ces conditions, on assiste à une compétition croissante entre les travailleurs pour l'accès à l'emploi, avec pour conséquence un affaiblissement considérable des taux de syndicalisation et des formes de solidarité entre les syndicats des différents pays et secteurs?

Qu'arrive-t-il si nous ne sommes pas – ou plus – une ressource utile?

Comme toute ressource devenue incapable de produire de la richesse (c'est arrivé au charbon, cela arrive pour tout ordinateur qui, peu de mois auparavant, avait été considéré comme une merveille du progrès technologique), la « ressource humaine » est également vite considérée comme inutile, inefficace, et donc mise sur le côté. C'est ainsi que se perdent les droits au travail, à un revenu « mérité », au respect social. Elle devient un « déchet », une « marchandise-résidu ».

Dans les sociétés dites développées, ne pas être « employable » est devenu le plus grand handicap économique et social. Une génération entière d'ouvriers, d'employés, sinon de cadres, la génération des plus de 50 ans, est en train de payer le prix des transformations profondes de nos économies. Soit parce que leurs compétences sont devenues obsolètes à cause des nouvelles technologies, soit parce qu'ils n'ont pas su, pu ou voulu se recycler à temps et à fond, soit parce qu'ils coûtent trop cher par rapport à un jeune à peine sorti de l'école et possédant les dernières compétences en la matière.

La situation de ceux qui ont moins de 25 ans n'est pas meilleure. Désavantagés par l'absence d'expérience – parce que les personnes comprises entre 30 et 45 ans sont plus productives –, ils rencontrent, depuis une dizaine d'années, des difficultés croissantes à entrer dans le marché du travail, malgré tous les efforts réalisés au niveau de la formation. Perdre un poste de travail, suite à des mesures de régularisation, devient un drame, et source de violentes protestations.

Peux-tu donner quelques exemples ?

Un des cas européens les plus emblématiques de ces 15 dernières années est représenté par l'affaire des ouvriers Renault de Vilvorde, en Belgique, qui ont vécu la fermeture de leur usine (plus de 3500 personnes licenciées) et l'ouverture par l'entreprise d'une nouvelle usine, de la même capacité de production, dans les environs de Moscou. Cette affaire est emblématique, en particulier pour ce qui concerne le rôle des syndicats et des pouvoirs publics.

Pendant des années, les syndicats de Vilvorde (socialistes et sociaux chrétiens) et les travailleurs eux-mêmes avaient accepté de travailler neuf heures plutôt que huit, sans être payés pour l'heure supplémentaire. Ils avaient également accepté des modalités de travail plus contraignantes et plus dures. Tout cela dans le but d'améliorer la compétitivité du groupe Renault par rapport à celles de Volkswagen, Fiat et Ford. Aucune solidarité, donc, entre les travailleurs du même secteur dans les différents pays européens. Primauté à la compétitivité : chacun devait se battre contre les autres pour s'assurer le poste de travail et permettre au capital (privé) d'obtenir des taux de profit plus élevés.

De leur côté, les pouvoirs régionaux flamands n'ont fait que proclamer, pendant des années, que leur objectif principal était de promouvoir la modernisation technologique la plus rapide de la Flandre afin de favoriser la compétitivité européenne et internationale des entreprises localisées chez eux. On peut dire de même pour le gouvernement fédéral belge et pour les autorités de l'Union européenne (Commission, Conseil des ministres, Parlement).

Lorsque les dirigeants parisiens de Renault déclarèrent que, pour augmenter la compétitivité de leur groupe sur les marchés mondiaux, ils devaient fermer l'usine de Vilvorde, ni les syndicats ni le gouvernement flamand ni le gouvernement fédéral belge ne purent faire grand-chose, et la Commission européenne non plus. Comment auraient-ils pu empêcher l'entreprise d'agir au nom de cette compétitivité qu'ils avaient eux-mêmes prêchée avec tant d'enthousiasme ?

Un autre exemple significatif est le chambardement de l'emploi dans l'industrie pharmaceutique. Lancée à la conquête du

« marché de la vie » à l'aune de l'évangile de la compétitivité, l'industrie pharmaceutique est, depuis 25 ans, dans un état d'effervescence permanente. On ne compte plus les fusions, les acquisitions, les échanges de participations, les disparitions d'entreprises, dont les noms ont fait l'histoire de l'industrie de nombreux pays. Ciba, Geigy, Sandoz, Hoffman-La Roche, ont disparu. Aujourd'hui, le secteur est dominé par un très petit nombre de grands groupes oligopolistiques mondiaux, tels que Johnson & Johnson, Merck, Novartis, Bristol-Meyers Squibb Company, GlaxoSmithKleine, Pfizer-Pharmaca. Alors que des dizaines de milliers de scientifiques, chercheurs et ouvriers ont fini par se retrouver « redondants », représentant pour les entreprises un coût « inacceptable », les propriétaires de capitaux des entreprises restantes – eux seuls – y ont gagné. Pour les malades en effet, il est indifférent de savoir si les mêmes médicaments sont produits par Sygenta, Glaxo ou Novartis.

Tableau 4

Gains et licenciements aux États-Unis de 1995 à 2003

	Revenu annuel des PDG (en $)	Salaire annuel des travailleurs (en $)	Travailleurs licenciés	Profits annuels des entreprises multinationales (en millions $)
1995	3 750 000	26 652	439 882	308 000
2003	8 100 020	26 899	275 075	731 159
Différence	+ 116	+ 0,9	-	+ 237

Sources :
- Revenu et salaires :   *Business Week*, Executive Excess, 2004
- Profits :   1995   *Business Week*, 22 avril 1996
                2003   *Fortune*, 7 août 2004
- Licenciements :   Forbes' Lay Off Tracker, www.forbes.com

L'éducation au service des logiques du capital

Avec la réduction de la personne au rang de « ressource humaine », qu'est-ce qui change pour l'éducation ?

L'éducation a été transformée en un système de formation continue. Elle doit principalement servir à maintenir et rentabiliser les « ressources humaines ». On n'éduque plus, on forme. Chacun doit être formé tout au long de sa vie « économique » de « ressource humaine ». Plus les changements technologiques s'accélèrent, plus la durée de vie des savoirs et des compétences acquises se réduit, plus rapidement les « ressources humaines » deviennent obsolètes et, donc, non rentables, non exploitables. La « durée de vie économique » d'une personne/ressource humaine risque, par conséquent, d'être raccourcie considérablement si elle ne se soumet pas à un recyclage grâce à la formation. Formation de la « ressource humaine » mise au service non pas des besoins des personnes, mais des besoins des entreprises, et plus spécifiquement des grandes entreprises qui opèrent sur les marchés internationaux compétitifs.

Il ne s'agit plus de « *ex-ducere* », c'est-à-dire d'une éducation visant à faire « sortir » et grandir les capacités de créativité de chaque personne. On parle encore d'éducation de la personne humaine au niveau primaire et secondaire inférieur, mais, dès qu'on arrive à l'enseignement professionnel et à l'enseignement supérieur et universitaire, on pense seulement en termes de formation de la « ressource ».

À partir du moment où l'éducation doit surtout servir à former les « ressources humaines » qualifiées et flexibles dont les entreprises privées ont besoin, la logique marchande et financière du capital privé n'a pas tardé à s'imposer, de façon toujours plus directe, dans la définition des finalités et des priorités de l'éducation. Ainsi, la narration dominante parle du « marché de l'éducation ». Qu'est-ce que c'est ?

Aux États-Unis et au Canada, le langage ne laisse aucun doute sur la culture qui y domine. On ne parle que de « marché de l'éducation », « marché des produits et services pédagogiques », « entreprises éducatives », « marché des professeurs et des étudiants ». Sous l'impulsion des conceptions reaganiennes et de l'explosion de l'informatique et du multimédia, l'éducation est devenue un marché particulièrement lucratif. Je me réfère non seulement au secteur de la formation post-universitaire, déjà marchandisée et privatisée comme celle des *Business Schools*, des MBA, mais à l'ensemble des activités d'éducation et de formation.

Ce n'est pas par hasard que s'est tenu, du 23 au 27 mai 2000, à Vancouver, le premier Marché mondial de l'éducation (*World Education Market*, ou WEM). Celui-ci a montré que tous les acteurs du marché éducatif public et privé venant de différentes parties du monde sont convaincus de l'inévitabilité de la marchandisation et de l'industrialisation/privatisation de l'éducation.

De quoi s'agit-il ?

Le WEM est une foire, avec des milliers d'exposants, où sont présentes les plus grandes multinationales du secteur. Les universités privées y sont légion. Il est organisé par une société privée spécialisée en foires – la Reed Miden – et il en est maintenant à sa sixième édition.

Pour les participants au WEM, il n'y a plus de doute : l'éducation est une marchandise ; l'éducation est un bien économique. La question principale est « qui » vendra « quoi » sur « quels marchés mondiaux », selon « quelles règles ».

En ce qui concerne le « qui », il s'agit des éditeurs des produits multimédias, des concepteurs et fournisseurs de services en ligne ou de télé-enseignement, des opérateurs de télécommunications, des entreprises informatiques. Ce sont tous des secteurs où les fusions, les acquisitions, et les alliances se sont succédées, ces dernières années, à un rythme frénétique. L'Olympe des « dieux » qui domineront le « marché mondial de l'éducation » dans les prochaines années est composé, pour l'instant, de noms connus et nouveaux, parmi lesquels nous trouvons Microsoft, AOL Time Warner, Google, ViaCom CBS, Bertelsman, Sun-Microsystem, une myriade de filiales spécialisées dans les services en ligne, la presse, l'éducation, les loisirs. Beaucoup d'enseignants et de responsables universitaires sont déjà associés aux activités de ces nouveaux « dieux ». Ils sont soutenus par les pouvoirs publics nationaux, toujours convaincus que leur rôle primordial est de créer l'environnement le plus favorable à la compétitivité des entreprises de « leur » pays.

Et qu'est-ce qu'on vendra dans ce marché ?

Formation « utile », qualifiante, adaptée, mais toujours et seulement formation, formation en ligne, « clé en main »[5]. Les « universités virtuelles » se multiplieront, allant au-delà des frontières nationales. À l'initiative de Glenn Jones, le fondateur de *The University on Web* (ou *Jones University*), s'est créée, en 1998, l'Alliance globale pour l'éducation transcontinentale (*Global Alliance for Transnational Education*), grâce au soutien financier de IBM, Coca-Cola et Sun-Microsystems. Son objectif est de définir les standards éducatifs internationaux. Le principe de Glenn Jones est simple : « Notre conception consiste à fournir une éducation de grande qualité sur Internet, indépendamment du lieu, faire du profit et payer les taxes[6]. »

La « bonne éducation » consiste à privilégier la formation dans les domaines technoscientifiques et managériels (informatique, physique, biotechnologie, mathématiques, finances, langues, marketing, etc.).

Au-delà de la marchandisation de l'éducation par l'« école virtuelle » et les « universités virtuelles », on assiste aussi à un développement massif des universités d'entreprise, de tout type et qualité. Ces « universités » sont fréquentées par des dizaines de milliers d'étudiants intéressés non pas à obtenir des diplômes, mais à recevoir la formation d'un institut directement lié à l'entreprise qui pourrait devenir leur futur employeur.

Le scénario qui semble avoir le vent en poupe en Amérique du Nord est celui d'un système d'éducation-formation organisé sur des bases individuelles, dans le cadre de ce que sera devenu Internet dans quelques années : vraisemblablement un système d'information/communication/travail/temps libre/création culturelle extrêmement ouvert et complexe, à distance (à la maison, dans les bureaux, dans les usines), variable dans le temps (tout le long de la vie) et dans les contenus. Selon la Banque

5. Lire, entre autres, les nombreux articles de Martin Wolf, éditorialiste au *Financial Times*.
6. « Learning in cyberspace », *Financial Times*, 8 mars 1998.

mondiale, on assistera à la naissance et à l'explosion d'une nouvelle génération d'universités, les *Click Universities*, à côté et en
substitution des traditionnelles *Brick Universities*. Personnelle-
ment, je ne crois pas beaucoup à de telles évolutions, dictées
uniquement par la technologie. Je crois davantage au scénario
de la création d'universités d'entreprises, voire de grandes corporations sectorielles (universités spécialisées).

À l'époque où il fut vice-président des États-Unis, Al Gore
fut chargé du développement de la *Global Information Infra-
structure* (GII) au plan national états-unien et mondial. L'un
des objectifs principaux de la GII était de créer les infrastructures matérielles (les « tuyaux », les réseaux...) et immatérielles
(programmes, « intelligence collective »...) nécessaires pour le
développement d'une société et d'une économie de la connaissance dont le réseau de la *National University* serait devenu le
« lieu » d'animation et de réverbération.

*Quelles sont les dimensions des phénomènes que tu viens de
décrire ?*

D'après les prévisions de la banque d'affaires américaine Merrill
Lynch[7], le nombre de jeunes qui suivront des études supérieures
dans le monde s'élèvera à 160 millions environ vers 2025. En
2000, ils étaient 84 millions, dont 40 suivaient un enseignement
en ligne. Un chiffre déjà considérable. Il est facile d'imaginer ce
que pourra devenir ce marché dans un quart de siècle.

L'étude de la Merrill Lynch prédit que, dans les cinq prochaines années, les « universités virtuelles » rassembleront des
millions d'étudiants de toutes les parties du monde et que ceux-
ci auront accès aux mêmes enseignements et aux mêmes professeurs. Je suis convaincu qu'il s'agit de prévisions exagérées,
mais il est certain que les financiers ne tarderont pas à s'intéres-
ser à un tel marché. Peut-être verrons-nous des fonds de retraite
coréens et japonais financer des cours virtuels de chinois, ouverts
au monde entier ?

---

7. Merrill Lynch, *The Knowledge Web. People Power Fuel of a New Era*,
    22 mai 2000.

Et qu'en est-il des règles ?

Il ne faudra pas s'étonner d'assister, dans les prochaines années, à de fortes poussées et accélérations des mouvements de libéralisation, déréglementation et privatisation des « marchés nationaux de l'éducation »[8]. L'échec des négociations du Millenium Round de l'OMC à Seattle en décembre 1999 a freiné ces mouvements. Les principes de la libéralisation et de la déréglementation du secteur éducatif sont, cependant, « rentrés par la fenêtre », après quelques années, dans le cadre des négociations de l'AGCS (Accord général sur le commerce des services), commencées en septembre 2003.

Le nombre de décideurs politiques prêts à accepter que le marché décide des finalités et de l'organisation de l'éducation est en croissance dans tous les pays « développés »[9]. Au rythme actuel, la transformation des institutions éducatives en « entreprises des savoirs », obéissant à des logiques marchandes et financières, sera en réalité largement répandue au cours de la prochaine décennie.

Au niveau européen, les dirigeants de l'Union ne rêvent que de construire un grand marché européen de l'éducation. Ils poussent avec force en faveur de la marchandisation de l'éducation. Le premier grand pas politique dans cette direction, résultat d'un long travail d'incubation, a été accompli à Bologne, siège de la plus ancienne université d'Europe. À l'occasion d'une grande conférence européenne des recteurs, plus de 350 recteurs ont signé un protocole d'accord sur la réforme du système universitaire européen (connu, depuis, sous le nom de « processus de Bologne »).

Ce choix fondamental a été confirmé et « sacralisé » par les ministres de l'Éducation de l'Union européenne dans le cadre

---

8. Pour une critique de cette évolution voir Gérard de Selys et Nico Hirt, *Résister à la privatisation de l'enseignement*, EPO, Bruxelles, 1998 ; Nico Hirt, *L'école prostituée*, Éditions Labor ; Riccardo Petrella, *Les cinq pièges de l'éducation*, Éditions Fides, Montréal, 2000.
9. Le gouvernement britannique a procédé à la privatisation des universités en les transformant en fondations de droit privé. Voir Alexandra Smith, « Public concern over university privatisation », *Education Guardian*, 20 février 2007.

de la «stratégie de Lisbonne» déjà citée. Quelques semaines avant le WEM de Vancouver, le Conseil européen de Lisbonne (mars 2000) avait adopté un programme politique à long terme, invitant la population de l'Union à contribuer à faire de l'Europe l'économie de la connaissance la plus compétitive au monde en 2010. Pour atteindre cet objectif, les 15 chefs d'État et de gouvernement présents à Lisbonne se sont engagés solennellement à promouvoir rapidement l'alphabétisation généralisée des Européens aux nouvelles e-technologies, à l'*e*-connaissance, à l'*e*-éducation (et ce dès l'éducation primaire).

Le grand marché de l'éducation devrait être dynamisé par l'esprit de compétitivité entre établissements éducatifs: universités, professeurs, étudiants, producteurs de programmes. Il devrait être soumis aux règles et aux standards d'évaluation fixés par «les meilleures écoles». Les étudiants recevraient des crédits dont ils se serviraient au moment de leur entrée dans le marché du travail. L'accès aux enseignements serait libre mais payant.

Les organisations syndicales (en particulier l'Internationale de l'éducation), les organisations non gouvernementales et les mouvements des citoyens doivent redoubler d'efforts pour empêcher que cela se réalise.

Le système éducatif risque donc de devenir le lieu de formation des futurs «gladiateurs globaux»?

Une culture de lutte se manifeste déjà dans l'enseignement secondaire supérieur pour s'affirmer, de manière forte, au niveau universitaire. Réussir mieux que ses propres collègues (obtenir des diplômes des meilleures universités) en restant aux premières places du palmarès, constitue une garantie plus grande de survie. Les meilleurs pourront postuler les emplois les plus prestigieux.

Suivant l'exemple des États-Unis et du Royaume Uni, l'habitude d'établir le classement des 10, 50, 100 «meilleures» universités, se répand dans de nombreux autres pays. Peu de chose, désormais, différencie la manière de considérer une université et une entreprise. Pour la grande majorité des responsables des universités, comme pour beaucoup d'étudiants, de familles et de syndicats, l'université est une entreprise de production et d'appropriation de savoirs, d'attribution de crédits « cognitifs », de vente et de distribution commerciale de biens et services de formation. Elle doit opérer sur les « marchés de la connaissance » de manière compétitive, sinon elle risque l'élimination.

Le plus grand « marché de la connaissance » est, actuellement, représenté par Internet. Selon la thèse des promoteurs de la « société de la connaissance », le réseau constitue un marché illimité, sans frontières, libre, ouvert à tous ceux qui connaissent les langages des nouveaux savoirs et des nouvelles compétences.

Malgré les efforts d'une bonne partie des éducateurs, le système éducatif est enclin à privilégier la fonction de sélection des meilleurs plutôt que celle de valoriser les capacités de tous les étudiants[10]. Les responsables des institutions éducatives reconnaissent l'existence et l'ampleur de ce piège. La situation est désagréable, disent-ils, mais aucun d'eux ne peut faire quoi que ce soit contre « la réalité » qui est que, pour assurer à son institut des revenus adéquats, son école doit devenir attrayante à la fois pour les étudiants qui peuvent payer des frais de scolarité élevés et pour les commanditaires privés. Or, pour être attrayante, l'institution doit montrer des résultats de très haut niveau en termes d'évaluation des diplômes et de l'intégration de ses diplômés sur le marché du travail. Dans ce contexte, ce qui mérite d'être « acquis » sur le plan des savoirs et des compétences est inévitablement déterminé, pour une très grande partie, par l'innovation technologique et par le marché. En France, la difficulté est devenue encore plus grande suite à l'élection de Nicolas Sarkosy à la présidence de la République et aux premières mesures prises par son gouvernement visant à revaloriser au maximum la sélection des meilleurs.

---

10. Sur ce thème, le lecteur francophone aurait intérêt à lire un ouvrage remarquable d'un prêtre, don Lorenzo Milani, fondateur de l'école de Barbiana qui a fait date en matière d'éducation et de politique envers la jeunesse dans l'histoire des 50 dernières années de l'Italie. Voir *Scuola di Barbiana, Lettera ad una professoressa*, Libreria Editrice Fiorentina, Firenze, 1967.

Le système éducatif est transformé en moyen de légitimation de nouvelles formes de stratification et de divisions sociales.

Tout à fait. Demandons-nous : que prescrivent aujourd'hui les politiques publiques de la recherche et de l'enseignement ? La réponse, hélas, est plutôt simple : elles imposent la promotion et la diffusion d'un esprit entrepreneurial dans les milieux scientifiques et dans les institutions scolaires secondaires et supérieures ; elles veulent transformer le système éducatif en un lieu privilégié de formation et de sélection des jeunes générations aptes à devenir « les ingénieurs » de la « nouvelle économie mondiale de la connaissance ».

À en croire les discours dominants, la raison d'être du système d'éducation serait devenue, au-delà de la rhétorique persistante sur l'éducation au service du citoyen, de sélectionner et mesurer la capacité de « création » de richesse des « ressources humaines », légitimant ainsi les « nouvelles inégalités » liées aux savoirs et connaissances.

La naissance de nouvelles divisions entre les humains : le « fossé digital » et le « fossé cognitif »

Le « fossé digital » est lié à l'avènement d'une « société digitale » (digitalisation) de tous les processus d'information et de communication. La digitalisation, affirme-t-on, aurait engendré une nouvelle économie et, donc – nous sommes toujours influencés par un fort déterminisme technologique – une nouvelle société. Sur ces bases, le *digital divide* désigne le fossé qui se serait créé ces dernières années, sur le plan du pouvoir d'action et de décision, entre ceux qui ont la maîtrise des nouveaux principes, instruments et ressources de l'« économie digitale », et ceux qui, au contraire, en sont exclus ou ne sont pas capables de « s'y inclure »[11]. Les premiers auraient le pouvoir, toujours croissant, d'influencer l'évolution du système, de façon à assurer la maximisation de leur intérêt, surtout en termes de sécurité de leurs avoirs, et de leur survie.

---

11. Pour donner une idée du *digital divide*, certains chiffres sur l'utilisation d'Internet sont éloquents : on passe des 556 utilisateurs par 1000 habitants aux États-Unis aux 120 du Mexique, 53 de la Colombie et 4 du Burkina Faso. Voir www.undp.org/statistics/data/indicators

Lorsque les groupes dominants actuels parlent de « fossé digital », ils reconnaissent, comme ils l'ont fait au G7 de Bruxelles en 1995 – et répété au G8 d'Okinawa (2000)[12] et de Genève (juillet 2001)[13] – que la « société digitale », dont ils sont les promoteurs, a élargi et renforcé les divisions sociales structurelles sur le plan des droits de citoyenneté. Selon eux, les individus, les groupes sociaux, les peuples, sont toujours plus différents et séparés dans leur capacité d'être sujets d'histoire, parce qu'ils sont inégaux dans la capacité de concevoir, produire, orienter et utiliser la « nouvelle » richesse qui serait produite par les nouvelles technologies d'information et de communication.

Comment expliquer, alors, que tout en reconnaissant l'existence de telles divisions, les groupes dominants continuent à promouvoir et à exalter comme positif, inévitable, « naturel », le développement de l'« économie digitale » et de la « société digitale » ?

L'explication est plutôt simple. À l'origine du « fossé », disent-ils, il y a la technologie, le développement technologique. Ce lien donnerait une certaine légitimité à la division parce que, selon eux, « on ne peut arrêter le progrès technologique ». Le « fossé digital » serait une conséquence négative provisoire, inévitable, dans la première phase de développement de la « nouvelle économie et société ». Avec la diffusion et l'universalisation de la « nouvelle économie », le fossé serait destiné à se réduire et même à disparaître. D'après eux, tout changement

---

12. À cette occasion fut créée la *Digital Opportunity Task Force (Dot Force)* (www.dot/force/org) en vue d'analyser les lignes possibles d'intervention pour lutter contre le *digital divide*.

13. Lors de ce G8 – qui fut l'objet de grandes manifestations populaires d'opposition, violemment réprimées par la police, violence qui s'est traduite par la mort d'un jeune manifestant et des dizaines de blessés (à la date de juin 2007, la police italienne est sous procès devant la magistrature) – fut approuvé le « Genoa Action Plan » dont le but était de réaliser les lignes d'intervention élaborées par la *Dot Force*. L'intérêt porté à ce sujet par les pouvoirs forts au niveau national et international répond a un double objectif : homogénéiser les marchés ; relancer l'économie par de grands investissements en infrastructures et services dont bénéficieront surtout les grandes entreprises multinationales occidentales.

technologique détruit « l'ordre existant » en créant de nouvelles inégalités mais la technologie, tôt ou tard, apportera des bénéfices à tous.

En réalité, à l'origine des nouvelles inégalités, il y a la narration techno-économiste du monde et de la société. Selon la technologie universelle capitaliste, les sociétés occidentales sont civilement, socialement et économiquement « développées », « les meilleures » au niveau mondial, parce qu'elles ont inventé les technologies qui ont façonné et continuent à façonner le monde.

Il y a 50 ans, la société « développée » était considérée comme étant celle qui avait le taux le plus haut de consommation de ciment et d'acier. Aujourd'hui, les dominants considèrent « développée » celle qui a le taux le plus élevé de digitalisation. Il y a eu des experts américains très connus et « prestigieux » (en tant que conseillers écoutés de présidents des États-Unis), comme le directeur de Medialab du MIT (Nicholas Negroponte) qui, il y a 20 ans, avaient forgé le concept de *digital man* et parlé du *non digital man* comme d'un être sous-développé. Le directeur de Medialab a été le fondateur de l'association One Laptop per Child dont le but était de promouvoir la « digitalisation » totale des nouvelles générations.

En réalité, le « fossé » ne réside pas dans le fait que les familles africaines n'ont pas d'ordinateur à la maison, ni au travail, alors que 60 % des familles américaines en sont équipées et vivent à l'ère du cyberespace. Il réside, plutôt, dans l'esprit des groupes dominants des États-Unis et des pays du monde « occidentalisé », quand ils affirment que les familles américaines sont « digitalisées », donc, plus développées et, par conséquent, « meilleures » que les familles africaines[14]. Le « fossé » se trouve également dans l'esprit des classes dirigeantes du Sud du monde, quand elles pensent que la grande priorité de « leur » développement est de répandre l'« économie digitale » dans leurs pays.

---

14. Cette vision s'est également affirmée lors du World Summit on the Information Society qui s'est tenu à Tunis en novembre 2005.

Qu'est-ce alors que le « fossé cognitif » *(knowledge divide)* ?

Le « fossé cognitif » naît de la même matrice idéologique que le « fossé digital ». Il est lié à la thèse, dont nous avons amplement parlé précédemment, sur la transformation de notre économie et de notre société d'une « économie engendrée par la connaissance » *(knowledge driven economy)* en une « société fondée sur la connaissance » *(knowledge based society)*.

On ne peut éviter de parler ici de violence culturelle. On ne peut qu'appeler ainsi l'ensemble des principes, des croyances, des opinions et des comportements propres aux dirigeants et aux populations des pays du Nord. Une sorte de « complexe de supériorité », de conviction que nous sommes « le monde qui compte », ceux qui sont en train de construire le monde nouveau (la « société de l'information », la « nouvelle économie », la « *e*-économie », la « société de la connaissance »), accompagné de formes toujours plus explicites d'indifférence envers le reste du monde, voire de mépris.

Dans l'« économie de la connaissance », ce n'est plus la technologie qui est la base de la rupture de système, mais la connaissance elle-même (ou ce que signifie aujourd'hui la connaissance dans les pays occidentaux). Dans nos pays, la connaissance est surtout représentée par les sciences physiques et naturelles plus avancées, le système national et mondial de recherche et développement, les mécanismes qui favorisent l'innovation technologique, les « ressources humaines hautement qualifiées », les réseaux de savoirs, les « machines intelligentes ». La connaissance serait devenue la principale source de création de la richesse. C'est pourquoi, affirme-t-on, la connaissance devrait être traitée comme le capital de base, le bien économique le plus précieux. Elle devrait être librement échangée comme tout autre bien-marchandise, et le droit de propriété sur la connaissance doit être certain, garanti et protégé. De là, l'importance fondamentale prise dans nos économies par le droit de propriété intellectuelle (par les brevets) et le rôle toujours plus influent joué par la WIPO (World Intellectual Property Organisation/Organisation Mondiale de la Propriété Intellectuelle).

Le « fossé cognitif » est plus profond et plus dévastateur sur le plan humain, social et politico-culturel, que le « fossé digital », parce qu'il est basé sur une grande mystification. Selon les défenseurs de la thèse sur le « fossé cognitif », il faut entendre, par connaissance, surtout la connaissance « qui compte » sur le plan économique (de l'économie capitaliste de marché), c'est-à-dire celle qui devient technologie « productrice » de profit. Imposer une telle vision de la connaissance, c'est non seulement faire violence à toutes les autres formes de connaissance, mais il s'agit aussi d'un vol de la vie de tous ceux qui ne possèdent pas la connaissance des dominants. On dérobe ainsi l'avenir à des milliards d'êtres humains.

Les deux fossés représentent les variantes contemporaines de la « division humaine » (le *human divide*) imposée par les plus forts, entre hommes libres et esclaves, nobles et plébéiens, patrons et méchants contre laquelle, dans le passé, les citoyens se sont battus, réussissant tôt ou tard à la dépasser, même si ce fut au prix de longues batailles et de très nombreuses victimes.

Aujourd'hui, il appartient aux citoyens de se battre contre les nouveaux fossés sans devoir recourir à la même « violence » qu'a engendrée l'ordre injuste.

Pour cela il faut se battre contre les nouveaux marchands du monde, les nouveaux conquérants/prédateurs de la vie.

La marchandisation de la vie. L'État au service des marchands

Que l'État soit au service des marchands n'est certainement pas un fait nouveau.

La « gratuité » du droit à la santé (c'est-à-dire la prise en charge par la collectivité du financement des coûts de la santé) a cessé depuis longtemps d'être la règle aux États-Unis et au Royaume-Uni[15]. Dans beaucoup d'autres pays de l'OCDE, la privatisation des hôpitaux, des dispensaires, des médicaments, des laboratoires d'analyses, des services médicaux à domicile, est devenue la règle.

Tu viens de montrer, dans les pages précédentes que les mêmes processus ont touché l'éducation et beaucoup d'autres domaines

---

15. Concernant le marché de la santé, voir François-Xavier Verschave, *La santé mondiale entre racket et bien public*, Éditions Charles-Léopold Mayer, Paris, 2004.

qui, jusqu'à il y a peu, étaient considérés des biens et des services publics, comme l'eau, l'électricité, les transports... Selon toi, existe-t-il des limites à la privatisation et à la marchandisation de la vie ?

L'accord connu sous le sigle TRIPS (Trade Related Intellectual Property Rights)[16] oblige tout pays membre de l'OMC – donc presque tout le monde – à créer une législation pour protéger les droits de propriété intellectuelle, c'est-à-dire les marques enregistrées, les indications géographiques (produits qui ont pour nom une localité qui en définit les caractéristiques), les dessins industriels, les brevets, les secrets de fabrication, les circuits intégrés, les dessins topographiques... Tout cela selon les règles établies par les pays occidentaux. La durée de la protection accordée par le brevet va de 20 à 25 ans.

Le TRIPS met en évidence deux aspects importants. Le premier est que la libéralisation est à sens unique, c'est-à-dire qu'elle fonctionne toujours en faveur des entreprises privées des pays du Nord. En effet, la très grande majorité des brevets appartient à ces entreprises et le système de protection opère en faveur des biens et des services déjà brevetés[17]. D'ailleurs, tous ceux qui prêchent et crient en faveur des TRIPS sont les propriétaires des brevets et les dirigeants des entreprises multinationales privées occidentales lancées à la conquête des ressources de la

---

16. Le TRIPS est né sous la pression d'une coalition d'entreprises des États-Unis, de l'Union européenne et du Japon. Selon l'ex-CEO de Pfizer, Edmund T. Pratt, qui prit part aux négociations en tant que représentant des États-Unis, « notre force combinée nous a permis de créer un réseau privé mondial pour gouverner ce secteur, ce qui a jeté les bases de ce qui est devenu le TRIPS ». Edmund T. Pratt, *Droits de propriété intellectuelle et commerce international*, Forum Pfizer, Paris, 1996. Pour une analyse critique : Carlos M. Correa, *Intellectual Property Rights, the WTO and Developing Countries: The TRIPS Agreement and Policy Options*, Third World Network, Penang, sans date.

17. Microsoft et son président Bill Gates sont les principaux animateurs d'un puissant lobby auprès des législateurs du monde entier, notamment des pays les plus développés sur le plan technologique, visant, avec succès dans de nombreux cas, à les convaincre de légiférer pour condamner comme un délit grave toute copie d'un programme informatique. Cependant, le mouvement *Open Sources*, à partir des travaux de Linux, continue à faire son chemin et à marquer des points.

planète. Il est rarissime de trouver un gouvernement d'un pays du Sud faisant campagne en faveur des TRIPS !

Le second aspect concerne la notion de propriété intellectuelle et l'extension de son champ d'application à la sphère du vivant[18]. Les dominants ont, par exemple, rendu obsolète le « droit des paysans », qui avait été reconnu par la FAO et qui assurait aux paysans une certaine forme de « droit de propriété commune » en matière de manipulation et d'exploitation du capital des semences[19]. Effectuée dans le cadre des TRIPS en 1994, l'extension du droit de propriété intellectuelle au domaine du vivant a été renforcée, en 1996, par la décision du Congrès des États-Unis d'autoriser la liberté de recherche et de brevet sur les organismes microbiens, végétaux, animaux, et aussi humains. La brevetabilité du vivant a été autorisée également par l'Union européenne en 1998, sous la pression du monde industriel et financier européen, préoccupé par les lourdes menaces qui auraient pesé sur la compétitivité de l'Europe, au cas où la possibilité de breveter le vivant n'aurait pas été accordée aux entreprises européennes[20]. Par cette extension, le

---

18. En 1998 le parlement irlandais a approuvé une loi qui donne l'accès illimité aux données génétiques et médicales de la population irlandaise à l'entreprise DeCode. Il s'agit d'une entreprise privée de biotechnologie dont le siège social est localisé a Reykjavik, Islande (pour d'évidentes raisons… humanitaires !). Celle-ci a déposé, le 7 novembre 2000, la demande de brevet pour 350 gènes impliqués dans 40 maladies.

19. 92 % du capital biotique de la planète se trouve dans les forêts tropicales et sub-tropicales. Selon la Convention sur la biodiversité (1992), les États sont souverains sur le patrimoine génétique, incessible. En principe donc, celui-ci ne peut être vendu, ni être privatisé. Pourtant, la souveraineté nationale n'est pas un obstacle à la privatisation si le gouvernement d'un pays décide « souverainement » de céder son patrimoine. À mon avis, la seule véritable garantie contre la marchandisation/privatisation du capital biotique de la planète est sa reconnaissance en tant que patrimoine mondial sous une autorité mondiale, échappant à la tutelle des puissances étatiques et à toute ingérence de la part des entreprises multinationales privées.

20. À propos de la marchandisation de la vie, voir Vandana Shiva, *Biopiracy: the Plunder of Nature and Knowledge*, South End Press, Cambridge Massachusetts, 1997 et *Earth Democracy; Justice, Sustainability, and Peace*, South End Press, Cambridge Massachusetts, 2005.

capital a reçu l'autorisation de s'emparer légalement de la propriété et ou des droits d'exploitation de tout ce qui fait partie de la vie.

Sommes-nous revenus à une culture de la conquête, style Far West ?
Par la « création » du « village marché global », nous assistons à l'affirmation d'une nouvelle culture de la conquête.

Le « nouveau » monde mondialisé est considéré comme un ensemble de « gisements de richesse » matériels et immatériels à exploiter. On reparle avec enthousiasme de « nouvelles » frontières à déplacer, d'une « nouvelle » épopée de construction de « nouvelles routes » (les super-autoroutes mondiales de l'information à large bande). Le « village global » est ressenti et vécu comme un nouveau terrain d'affrontement entre les meilleurs candidats au pouvoir mondial.

Les « Nouveaux Conquérants » se battent – ou coopèrent – pour s'approprier, contrôler et gouverner les ressources, représentées aujourd'hui par l'information, la technologie, la connaissance, l'eau. Les « Seigneurs de la terre » ne sont plus les grands patrons industriels, comme les Rockefeller, les Ford, les Thyssen, les Solvay, ou les « rois » du pétrole et des chemins de fer. Aujourd'hui, ce sont les PDG de Microsoft, de Google, de Cisco Systems, de Bertelsmann, des sociétés financières telles que Blackstone, KKR, Merrill Lynch, Morgan Stanley, City Bank, Fidelity ; des sociétés de distribution commerciale comme Wal-Mart (multinationale américaine), Carrefour (multinationale française). C'est Rupert Murdoch. Ce sont les « Seigneurs de l'eau », comme Vivendi, Veolia, Nestlé, Danone, Coca-Cola ; les « Seigneurs de la vie », comme Pfizer, Sygenta, Johnson & Johnson...

Si les nouvelles technologies continuent à se développer dans un cadre libéralisé et déréglementé, fondé sur le principe de l'appropriation privée du vivant, les entreprises citées ci-dessus et, dans une moindre mesure, celles du complexe agro-alimentaire, pourront espérer devenir les principaux « Seigneurs de la terre » au cours des 20 prochaines années. Tout dépendra des choix politiques que feront les sociétés occidentales dans le domaine de la santé, de la génétique et de l'agro-alimentaire. Cela dépendra aussi de l'éventuelle absence, dans les pays pauvres, de « révoltes mondiales » contre la mainmise et l'exploitation de leurs ressources naturelles par les grandes puissances industrielles et financières du monde (desquelles la Chine commence à faire partie).

À la lumière de ce que tu as décrit, des mots comme « classe » ou « bourgeoisie » ou « prolétaire », ont-ils encore un sens ?

Les grands bouleversements des siècles passés ont concerné surtout les systèmes de propriété, de partage et d'utilisation de la terre et des ressources énergétiques (le charbon, le pétrole, l'électricité). Ils ont donné naissance à (ou ont renforcé) des systèmes de régulation des sociétés humaines qui se sont cristallisés principalement autour de l'apparition de nouvelles classes sociales (la bourgeoisie, le prolétariat) et des États-Nations.

Aujourd'hui, la scène internationale est occupée par la formation et la consolidation de sujets « supranationaux » de régulation politique. Sujets publics, comme l'Union européenne, l'OTAN, la Banque centrale européenne, (dans une toute petite mesure, l'Organisation de l'unité africaine) et d'autres organisations multilatérales telles que le Fonds monétaire international, la Banque mondiale, l'Organisation mondiale du commerce. Sujets privés, comme le Conseil international des chambres de commerce et de l'industrie, l'International Standards Organisation (ISO), la WIPO...

Les normes et les standards qui structurent les nouveaux systèmes de régulation internationale reflètent l'existence de nouveaux rapports entre les nouveaux acteurs sociaux apparus au cours des 50 dernières années. Les rapports sociaux sur lesquels s'était fondée, jusqu'aux années 1960, la régulation politique dans les pays développés – rapports conflictuels entre classe capitaliste bourgeoise et classe moyenne, d'une part, et classe ouvrière, d'autre part – ont éclaté pour laisser la place à des rapports plus diversifiés et « mixtes », sans pour autant que la division entre « propriétaires capitalistes » et « travailleurs dépendants » ait disparu. Le fait que certains groupes de travailleurs soient devenus, en tant qu'épargnants, des « petits » capitalistes et aient intériorisé la culture politique et sociale de la classe capitaliste, n'a pas fait disparaître la distinction/séparation de classe entre « ceux qui ont » et « ceux qui n'ont pas ». Cette séparation structurelle est évidente si l'on considère les caractéristiques de la classe constituée par les « grands managers » et les cadres des réseaux mondiaux des entreprises multinationales, en comparaison à celles des deux milliards et plus d'individus « vivant » dans les bidonvilles mondiaux. Il s'agit de deux « univers » humains et sociaux entièrement différents, aux intérêts radicalement opposés. Les classes sociales continuent à exister, quoiqu'en pensent ceux qui, membres des classes sociales possédantes, préfèreraient pouvoir dire qu'elles ont disparu.

L'État-nation ne sert plus à grand-chose dans ce cadre...

Oui et non. Il sert de moins en moins si l'on prend en considération des domaines comme, par exemple, celui de la finance dans lequel, comme nous l'avons vu, les États-nations eux mêmes ont transféré le pouvoir de décision et de contrôle à d'autres sujets. D'ailleurs, la pression en ce sens de la part des sujets « privés » forts est considérable et visible : les entreprises multinationales et les grands conglomérats industriels et financiers, nationaux et internationaux, ne perdent aucune occasion pour pousser les dirigeants politiques à réduire le rôle de l'État. Ils rêvent d'un État peu interventionniste, appuyés en cela par une légion d'économistes, de politologues et de journalistes parmi les plus prestigieux, tels que Martin Wolf du *Financial Times*[21]. Selon eux, les États, les gouvernements, ont un rôle à jouer uniquement s'ils démontrent que, en échange de la charge fiscale qui leur est imposée, les contribuables reçoivent de la part de l'État une valeur correspondante, en termes de biens et de services. Pour cette raison, ils proposent que les États soient mis en concurrence entre eux et laissent aux contribuables (c'est-à-dire aux détenteurs privés du capital) la possibilité de choisir le pays de résidence fiscale le plus « compétitif », sans changement obligatoire de nationalité[22].

---

21. Martin Wolf, « Wooing the global tax player », *Financial Times*, 19 juillet 2000.
22. Voir la nouvelle édition de l'ouvrage de Christian Chavagneux et Ronen Palan, *Les paradis fiscaux*, La Découverte, Repères, Paris, 2007.

Le rôle de l'État, en revanche, est encore fondamental et insubstituable, selon les groupes dominants, si l'on considère des domaines comme l'armée, la police, la justice, la diplomatie, le financement de la recherche de base, le soutien à la compétitivité des entreprises, la protection civile, la couverture des risques naturels. Exemple significatif : dans le contexte actuel, la diplomatie de l'État est importante car elle doit servir surtout à soutenir la présence des entreprises « nationales » partout où c'est possible et nécessaire pour la compétitivité du pays. La politique étrangère d'un pays ne serait qu'un élément central de la politique commerciale et industrielle du pays. Cela a été clairement dit, entre autres dirigeants mondiaux, par plusieurs présidents des États-Unis. Bref, surtout ces 25 dernières années, pour la narration dominante, la tâche « historique » de l'État est, aujourd'hui, double : mondialiser la base sur laquelle l'État national est édifié et faciliter l'adaptation et l'intégration de l'économie nationale à l'économie mondiale. Toute intégration manquée dans le marché mondial équivaut à un échec de l'État.

Quelles sont les conséquences induites par la réduction du rôle de l'État et des autres communautés territoriales ?

La faiblesse ou l'absence d'un véritable contrôle public sur l'économie favorise l'opacité dans tous les secteurs d'activités, notamment dans les secteurs productifs d'importance majeure pour la santé des êtres humains et dans les domaines financiers. Les activités illégales cessent d'être virtuelles. Les scandales auxquels les prédateurs nous ont habitués ces dernières années (Enron, Cirio, Parmalat, Banque populaire de Brescia, Crédit Lyonnais, effondrement financier du Sud-Est asiatique et, tout près de nous, l'éclatement de la bulle des prêts hypothécaires américains à cause desquels l'économie mondiale a vu « s'évaporer » en quelques jours plus de 300 milliards d'euros) démontrent que, lorsque le contrôle se dilue, la frontière entre le légal et l'illégal est souvent franchie. La dilution du contrôle est maximale dans un contexte de « privatisation » du politique.

L'économie mondiale se criminalise toujours plus sous l'influence, en particulier, de la financiarisation et de la privatisation croissantes des activités économiques, et de la marchandisation de la vie.

Le trafic illicite des armes et de la drogue, les formes de production mafieuses, l'évasion fiscale, les comptabilités doubles ou les caisses noires des entreprises, la corruption, sont indubitablement des phénomènes de longue date. La nouveauté réside dans leur ampleur et leur diffusion rapide, grâce à la mondialisation des systèmes de transport, d'information, de communication et conséquemment à la libéralisation des activités financières. Une des manifestations les plus préoccupantes est la criminalité informatique appliquée, en particulier, au domaine militaire, commercial et à celui de la santé. Au-delà de l'introduction de virus dans les systèmes informatiques, des vols de fichiers, des appropriations d'argent et des violations de la vie privée, les conséquences de l'espionnage militaire, industriel et commercial pourraient être incalculables dans un contexte de « guerres de civilisations ».

Il faut le répéter sans cesse : l'existence de l'État de droit d'institutions et de pouvoirs publics démocratiques, transparents, responsables, capables de fixer et de faire respecter les lois, est la condition nécessaire et indispensable de la liberté pour tous. La plus grande liberté individuelle est garantie lorsque la liberté est assurée pour tous, sans exclusion ou différenciation. En revanche, la primauté accordée à la liberté individuelle en tant que telle est, en règle générale, l'antichambre de la liberté réservée uniquement pour certains ; elle est à l'origine d'un système de valeurs où la violence seule peut permettre et imposer la liberté des plus forts.

Moins les institutions publiques gouvernent dans le respect de la démocratie et de la justice, plus la puissance des intérêts particuliers l'emporte. Moins le politique se charge de la « *res publica* » et de la promotion des biens communs et des services communs, plus il contribue à vider de sens et de légitimité les institutions publiques.

Bref, moins d'État de droit, moins de liberté, moins d'égalité, moins de fraternité. La culture des droits, du droit à la vie pour tous, fout le camp.

De la culture des droits à la culture des besoins

Aujourd'hui, nous devons à nouveau affronter les mêmes problèmes qu'au début du siècle dernier : assurer à tous les êtres humains l'accès à une saine alimentation de base, à l'eau potable, aux soins de santé, au logement, à l'éducation. Comment cela se fait-il ?

Si nous regardons les politiques suivies, à partir des années 1980, par les classes dirigeantes des pays « développés », comme par la majeure partie des classes dirigeantes des pays « sous-développés » ou « en voie de développement », nous nous apercevons que leur degré de tolérance de l'intolérable a été, et reste, particulièrement élevé.

Qu'il s'agisse de l'accès à l'eau potable, ou de la production agricole ou de la santé, les dirigeants ont agi surtout en fonction de leurs intérêts (bien-être économique, pouvoir politique et militaire, puissance de leur « propre » État...). Ils se sont, dès lors, bien adaptés à la croissance des inégalités intervenue ces dernières années partout dans le monde.

Ils ont même théorisé et mis en pratique l'inévitabilité du passage d'une société fondée sur la culture des droits à celle fondée sur la culture des besoins.

En 1998, à Rome, pendant le sommet mondial sur l'alimentation, tous les gouvernements présents ont signé le document ministériel final dans lequel il est dit que l'accès à la nourriture n'est pas un droit, mais un besoin. La même chose s'est produite précédemment en 1996, à Istanbul : les gouvernements refusèrent de reconnaître l'accès au logement comme un droit, et parlèrent de besoin.

Le même principe a été répété en mars 2000 à La Haye au 2e Forum mondial de l'eau organisé par le Conseil mondial de l'eau, institution privée créée en 1996 à l'initiative de milieux liés aux compagnies multinationales privées, mais avec le soutien de la Banque mondiale et de divers États parmi lesquels la France. Les responsables publics et privés de l'eau dans le monde présents au Forum n'eurent aucune hésitation : aucune référence n'est faite au droit humain à l'eau dans la déclaration finale ministérielle[23]. En revanche, les ministres signataires affir-

---

23. Cette déclaration reflète les principes imposés aux pays du Sud par les puissances occidentales à travers la Banque mondiale et le FMI à partir de la fin des années 1970 dans le cadre desdites « politiques d'ajustement structurel » (PAS). Selon ces principes, l'obtention d'un prêt par les pays

mèrent que l'accès à l'eau doit être traité comme un besoin vital à satisfaire dans le cadre des règles de la concurrence de l'économie de marché, dans le respect du prix juste, à savoir le prix établi à partir du principe de la récupération des coûts totaux de production de l'eau potable et des services correspondants.

Rien n'a changé entre-temps. À l'occasion du 4e Forum mondial de l'eau tenu à Mexico en mars 2006, les mêmes dirigeants publics et privés ont refusé d'approuver une résolution, signée par tous les groupes politiques du Parlement européen et transmise au Forum. Dans cette résolution les représentants élus de presque 500 millions de citoyens ont affirmé que l'accès à l'eau potable était un droit humain et qu'il était urgent que ce droit soit reconnu à l'échelle planétaire. Le Forum a totalement passé sous silence la proposition du Parlement européen. C'est dire que les pouvoirs oligarchiques – fussent-ils également publics – alignés sur les dogmes et les prescriptions de la Théologie universelle capitaliste – se sentent aujourd'hui tellement forts et soutenus par les puissances réelles qui définissent et imposent au monde l'agenda politique des priorités, qu'ils se permettent de faire fi de la volonté exprimée par une institution élue comme le Parlement européen.

On aurait abouti au même résultat – scandaleux – à propos de la prétention, affirmée par 39 entreprises pharmaceutiques, de la primauté du droit de propriété intellectuelle privée sur le droit à la vie des êtres humains, s'il n'y avait pas eu une forte mobilisation internationale de l'opinion publique contre une telle prétention. On se souviendra que, pendant quatre ans, l'État de l'Afrique du Sud fut empêché d'importer de l'Inde du matériel biotique pour la fabrication de médicaments contre le

---

du Sud, dans le domaine de l'eau par exemple, était soumis à plusieurs conditions parmi lesquelles figuraient le démantèlement des institutions publiques de gestion de l'eau, la déréglementation étatique, l'ouverture des services hydriques à la concurrence internationale, la cession de facto de leur gestion aux entreprises étrangères privées. Par ces conditions, les puissances ex-coloniales ont réussi à faire croire à l'opinion publique mondiale que la solution des problèmes d'eau en Afrique, en Amérique latine et en Asie, passait nécessairement par la gestion confiée aux entreprises multinationales privées « modernes » des pays du Nord.

sida. Produire directement ces médicaments coûtait à l'Afrique du Sud environ 400 $ par thérapie, contre un prix de 14 000 $ pour les mêmes médicaments fabriqués par les industries pharmaceutiques privées. Celles-ci ont porté l'État sud-africain devant les tribunaux du pays affirmant qu'elles possédaient les brevets sur le matériel biotique importé. Elles visaient, ainsi, la cessation de l'importation et l'interdiction de la fabrication. La pression, tout à fait juste, de l'opinion publique mondiale a été tellement forte que les tribunaux n'ont pas donné raison aux entreprises pharmaceutiques. L'Afrique du Sud a pu, depuis, fabriquer des médicaments contre le sida dits « génériques ». Les tribunaux ont dû, toutefois, en considération des principes affirmés par le droit international commercial en vigueur, reconnaître l'existence du droit de propriété intellectuelle privée sur le vivant.

À propos de ce conflit, il vaut la peine de rappeler qu'aucun gouvernement des pays dits « développés », ni aucune grande université prestigieuse du monde occidental, aucune grande académie nationale des sciences, n'ont manifesté d'indignation ou de protestation face à la prétention des entreprises. Vraisemblablement, le fait que ces entreprises contribuent toujours plus au financement des recherches sur le vivant, incitées à le faire, d'ailleurs, par les gouvernements eux-mêmes, a pesé sur la situation.

Voilà une raison de plus pour promouvoir et diffuser une nouvelle narration du monde. La primauté du droit de propriété privée sur le droit à la vie des êtres humains n'a rien d'inévitable.

Deuxième partie

La narration de l'humanité

CHAPITRE 4

Changer la priorité de l'ordre du jour mondial

Au-delà de l'inévitabilité du présent et d'un futur inacceptable

COMME SOULIGNÉ DANS L'INTRODUCTION, une narration différente et alternative doit se fonder sur les principes suivants :

- le principe de la vie pour tous
- le principe de l'humanité
- le principe du vivre ensemble
- le principe des biens communs
- le principe de la démocratie
- le principe de la responsabilité
- le principe de l'utopie créatrice.

Se référant à ces principes, la narration proposée ci-après s'articule sur les arguments structurants suivants :

- Faire du droit à la vie pour tous la priorité de l'ordre du jour mondial. Le XXIᵉ siècle doit devenir le siècle qui aura déclaré illégale la pauvreté.

- Donner à l'éco-nomie, qui dérive du grec *oikos* (milieu, là où l'on habite) et *nomos* (règle), la fonction qui lui est propre, celle d'établir les règles de la maison, de façon à

permettre à tous les habitants de la maison de vivre digne-
ment en contribuant de manière efficace à l'utilisation et
au gouvernement des ressources locales et mondiales, dans
la sauvegarde du patrimoine commun.

• Promouvoir le développement des biens et services communs mondiaux – composants fondateurs du « patrimoine
de l'humanité » – pour garantir le droit à la vie de tous les
habitants de la planète et des générations futures.

• Au cours des 20 prochaines années, reconnaître l'humanité
en tant que sujet juridique et politique fondateur d'une
nouvelle architecture politique de la communauté mondiale, comme les États nationaux le furent – et le restent –
du système intergouvernemental et multilatéral de l'Organisation des Nations unies, de laquelle on connaît désormais
les limites structurelles et les dérive.

*Beaucoup de gens, pourtant, ont désormais accepté l'idée que
ce que tu leur as décrit dans les chapitres précédents soit une
évolution plus ou moins inévitable, à laquelle on ne pouvait
apporter que des corrections marginales. Tant d'indices semblent renforcer l'idée de l'inévitabilité.*

L'inévitabilité semble forte et ne doit pas être sous-estimée.
Mais il ne faut pas non plus sous-estimer le fait que, dans l'histoire, on a vu naître des centaines de situations de pouvoir qui
paraissaient inévitables et se déclaraient irréversibles, et qui ont
été par la suite balayées. Au XIXᵉ siècle, il y avait une situation
analogue à la nôtre. L'esclavage semblait inévitable et, pourtant,
la contestation et la lutte ont fini par avoir le dessus et en
obtenir l'abolition. Les groupes dominants de l'époque prétendaient à une totale liberté d'emploi des enfants, n'acceptaient
pas les syndicats, voulaient des journées de 10 heures de travail.
Ils ne pensaient pas le moins du monde à un salaire minimum,
à la retraite pour tous. D'abord, les luttes sociales des ouvriers
et des paysans, à partir des années 1830-1850 et pendant tout
le XIXᵉ siècle, et puis la crise de 1929-1930, ont fait sauter les
prétentions du capital. Les premières formes de retraite obligatoire ont été autorisées par Bismarck en 1881, parce qu'il crai-
gnait que, dans le cas contraire, les socialistes puissent prendre

le pouvoir. Tant de situations considérées comme absolument « naturelles », et donc inévitables, ont été changées. La narration dominante a prouvé qu'elle n'était pas crédible. Pendant des années, les dominants ont prétendu que leur système financier était le seul possible. Puis, la crise a éclaté dans le Sud-Est asiatique, en Russie et en Amérique latine et, avec elle, la bulle financière de la « nouvelle économie ». Le système s'est démontré structurellement producteur de crises. Alors les groupes dominants cherchent, aujourd'hui, à construire un autre système.

À la suite des grandes catastrophes technologiques (vache folle, poulet à la dioxine, OGM…) et environnementales (réchauffement de l'atmosphère) des dernières années, l'opinion publique a pris conscience qu'il n'est pas humainement sage, ni socialement raisonnable de continuer à utiliser la science et la technologie en abusant de la planète, pour le seul enrichissement financier d'un petit nombre de personnes.

Le problème de la crédibilité a cessé d'être un problème qui concerne les opposants au système. C'est devenu, au contraire, un problème intrinsèque au système dominant. C'est le système qui « prend l'eau » de tous les côtés.

Le capitalisme mondial de marché, au cours des 20 dernières années, a prouvé encore une fois :

a. être incapable d'assurer la régulation des relations entre les sociétés, les États, les peuples, les groupes sociaux, dans l'intérêt général et celui des générations futures (cela vaut aussi pour les rapports entre les êtres humains et la « nature ») ;

b. avoir fait de la guerre un état permanent du système sous forme de :

- guerre culturelle (les conflits dits de civilisations),
- guerre économique (compétitivité),
- guerre militaire (nouvelle division du monde entre les « bons » et les « méchants ») ;

c. avoir tout marchandisé, y compris la vie et la connaissance :

- l'homme réduit au rang de ressource humaine (au travail comme dans le domaine de la santé, que l'on pense aux organes, aux gènes),
- la planète considérée comme marchandise,
- l'éducation comme service marchand;

d. tendre à se libérer de l'État et de la démocratie:

- primauté donnée à l'autorégulation, aux codes spontanés, à la *soft law*,
- libéralisation et privatisation de secteurs entiers de l'économie d'importance stratégique pour l'autonomie des peuples,
- indépendance politique des banques centrales.

Les opposants à la narration de la Théologie universelle capitaliste ont obtenu des victoires d'une réelle importance dans deux domaines majeurs de l'actuelle globalisation capitaliste: la finance et le commerce.

Je pense à l'abandon de l'Accord multilatéral sur les investissements (AMI) en septembre 1998[1] et à l'échec des négociations de l'OMC à Seattle en 1999, suite à la forte mobilisation de la société civile mondiale et du refus, manifesté pour la première fois dans un tel contexte, par certains pays du Sud, de se soumettre aux conditions d'accord proposées par les pays du Nord.

À la place de la liberté totale des mouvements de capitaux, les groupes sociaux en lutte contre la globalisation actuelle ont réussi à faire mettre à l'ordre du jour politique international la

---

1. L'Accord multilatéral sur les investissements (AMI) fut une tentative de fixer des règles mondiales concernant les investissements internationaux entièrement favorables aux pays du Nord. Il avait été préparé en secret, à l'insu même de nombreuses chancelleries gouvernementales, par des experts de l'OCDE. Il fut rejeté devant l'opposition du gouvernement français (le président de l'Assemblée française, à l'époque Laurent Fabius, déclara publiquement que l'Assemblée ignorait l'existence d'un tel projet) et sous les protestations des mouvements anti-mondialistes du monde entier. Le projet AMI prévoyait une réduction de souveraineté des États en matière d'investissements, laissant une totale liberté d'action au secteur privé.

question des taxes sur les mouvements spéculatifs. En outre, progresse l'idée de taxes mondiales sur des produits et des services générateurs de nuisances pour l'environnement, afin d'en destiner les recettes au financement de programmes de développement pour les pays les plus pauvres. Elle n'est plus considérée une idée saugrenue. Ainsi, après la France (2002), le 15 juin 2004, la Commission finances et bilan du Parlement fédéral belge a approuvé l'introduction de la Taxe Tobin (à condition que les États de la zone Euro fassent la même chose). Au Canada, en mars 1999, la Chambre des communes a passé une résolution imposant au gouvernement d'établir une taxe sur les transactions financières de concert avec la communauté internationale. Même le Fonds monétaire international a publié une étude dans laquelle il ne s'oppose plus à un impôt semblable à la Taxe Tobin. Au mois de mai 2006, le gouvernement français a approuvé l'imposition d'une taxe sur les billets d'avion, destinée à financer des initiatives en faveur de la coopération avec les pays pauvres.

À l'occasion du séminaire qui s'est tenu à Bosco Marengo (province d'Alexandrie en Italie) les 27 et 28 novembre 2006 sur la «nouvelle architecture politique mondiale», organisé par le World Political Forum, présidé par Mikhaïl Gorbatchev, le prélèvement de taxes internationales sur l'énergie, les transports, les médias, etc. a été proposé par plusieurs participants comme un instrument valide et utile à mettre au service d'une économie mondiale plus juste et plus solidaire.

Le principe de l'utilité et de l'opportunité d'introduire de nouvelles formes de fiscalité mondiale – toutes à inventer et à construire – commence à être discuté au sein des gouvernements et des organisations internationales, même si c'est encore de manière trop timide.

Comment construire l'alternative ?

Les solutions ne pourront venir d'«en haut» ni par les gouvernements en place, ni (surtout pas) par les dirigeants des grandes compagnies multinationales privées, ni par des groupes prestigieux composés de fortes personnalités mondiales du monde de la science (comme les prix Nobel) ou du monde de la création et de la musique (je pense aux initiatives prises cette année par des chanteurs très populaires et mondialement connus). Les personnalités de prestige peuvent aider à alimenter la prise de conscience des problèmes et, peut-être, stimuler l'envie d'agir, mais les solutions viendront essentiellement de l'action conjointe des forces sociales les plus actives dans la revendication des alternatives, et unies par des objectifs communs, au-delà de leurs différences de «groupe» et des contextes socio-culturels dans lesquels elles opèrent. Elles viendront de l'action de ces forces sociales dans la mesure où elles réussiront à faire en sorte que leurs propositions et leurs remèdes se transforment soit en institutions politiques nouvelles capables de réaliser des politiques nouvelles, soit en une transformation radicale des politiques opérées par les institutions en place. Ce lien entre l'action des citoyens organisés et les institutions politiques est fondamental et crucial dans toute transformation sociétale.

Un des points forts qui peuvent faciliter la convergence d'initiatives entre les forces sociales alternatives et permettre la mise en route de programmes d'action autour d'un nombre limité d'objectifs communs est la prise de conscience que l'enjeu majeur de la construction d'une alternative au monde actuel est représenté par la concrétisation du droit à la vie pour tous et de la survie de la vie sur Terre, telle que nous l'avons connue jusqu'à présent. La vie est en sursis ; elle est en train d'être mise en pièces par la marchandisation du vivant et par la privatisation des biens et des services essentiels au vivre ensemble.

Voir le monde autrement, prendre conscience de l'urgence des changements radicaux nécessaires et s'organiser en conséquence implique un travail d'auto-éducation et de pédagogie collective au plan de :

- La *revendication*, expression d'une demande sociale ancienne et nouvelle. Aujourd'hui, la revendication est un acte légitime, même en l'absence de propositions pour des solutions concrètes, parce qu'on doit revendiquer le droit à un autre devenir, à d'autres formes de vivre ensemble, à d'autres règles de la maison ;

- La *politique*. On ne peut pas se dérober du devoir/droit d'être un acteur politique, un citoyen, de participer. Il est urgent de réoxygéner le système politique. Les citoyens doivent essayer de contribuer à la réalisation d'objectifs d'intérêt collectif, à la promotion de la *res publica* et d'une société de droit[2].

- La *lutte radicale*. Celle qui cherche à aller aux racines des problèmes est justifiée dans le contexte actuel marqué par la violence systématique des groupes dominants sur les plans économique, financier, social, culturel vis-à-vis des plus faibles, des « non-compétitifs », des « différents », des plus vulnérables.

Nos sociétés doivent résoudre le double problème représenté, d'une part, par la relation efficace à établir entre actions locales/ nationales et actions internationales /mondiales – ce qui soulève aussi la question du rapport entre actions sectorielles et actions globales – et, d'autre part, par le lien à réinventer entre les mouvements de citoyens et les institutions. Il faut trouver des solutions qui permettent simultanément et globalement de résoudre au mieux les tensions et les conflits décrits plus haut. À cette fin, il est nécessaire de donner la priorité au renforcement de l'espace public, des libertés collectives, du gouvernement public. On ne peut pas laisser le fonctionnement de l'espace public aux libertés individuelles, aux relations marchandes, à la gouvernance. Cela signifierait donner aux plus forts la liberté d'affirmer leurs intérêts et d'imposer leurs solutions.

Dans l'opinion des classes aisées de tous les pays du monde, l'idée règne qu'un changement de société en faveur du droit à la vie pour tous se traduit nécessairement par un abaissement du niveau de vie actuel des pays riches. Qu'en penses-tu ?

Je pense qu'il sera difficile de préserver l'actuel système de production, de consommation et de redistribution de la « richesse » – injuste sur le plan social et insoutenable du point de vue environnemental – si l'on veut, précisément, éliminer les inégalités sociales et remettre l'écosystème Terre dans un état de santé acceptable.

---

2. Mireille Delmas-Marty, Edgar Morin, René Passet, Riccardo Petrella et Patrick Viveret, *Pour un nouvel imaginaire politique*, Fayard, Paris, 2006.

L'actuel mode de vie occidental, surtout celui des États-Unis, est fondé sur des mécanismes qui favorisent les intérêts des pays occidentaux et sur des logiques de prédation de la nature, dans l'illusion que la technologie permettra de créer un monde d'artefacts qui libéreront les sociétés humaines des contraintes et des limites de la nature. Cette illusion est encore fortement enracinée dans les esprits des classes dirigeantes du monde, au Nord comme au Sud. Au-delà des cris alarmistes lancés depuis quelques années par ces mêmes classes à propos, par exemple, des changements climatiques et de leurs effets sur le futur de l'humanité et de la planète, elles restent profondément convaincues que la science et la technologie, principalement, permettront de trouver les solutions appropriées, notamment en termes de rationalité économique et financière. Ainsi, on pense au solaire et à l'hydrogène, entre autres, pour résoudre l'épuisement du pétrole ; au dessalement de l'eau de mer pour contrer la raréfaction croissante de l'eau douce ; aux biotechnologies et aux nanotechnologies pour faire face aux besoins futurs en alimentation, en santé, en information/communication, etc.

Ainsi, faire croire aux Chinois et aux Indiens (2,4 milliards de personnes, ensemble) que leur bien-être consiste à atteindre, voire à dépasser, le niveau de vie des Américains, des Japonais et des Européens de l'Ouest – et que cela est possible en ouvrant leurs immenses espaces et ressources au marché et à l'initiative privée – est une mystification, pour ne par dire une aberration. L'universalisation du mode de vie, notamment américain, est tout bonnement impossible parce qu'il faudrait pour cela les ressources de six planètes Terre. Elle est surtout inacceptable car le mode lui-même est intrinsèquement inacceptable à tout point de vue. Ce mode de vie ne peut et ne doit pas être maintenu dans les pays occidentaux ni étendu ailleurs.

Il est également faux d'affirmer que la promotion d'un monde différent, meilleur pour tous, comportera nécessairement une baisse du niveau de vie des sociétés occidentales, jouant ainsi sur la peur traditionnelle, mal fondée, des couches sociales riches ou ayant atteint un niveau satisfaisant d'aisance, de perdre leur statut et leur bien-être... « à cause des autres ». Une étude du Wüppertal Institut für Umwelt, le très réputé Institut de recherche allemand en matière d'environnement, a démontré dans un rapport au titre fort éloquent *Factor Four*[3], que la qualité de vie de nos sociétés doublerait si nous diminuions de moitié la quantité de ressources utilisées pour produire l'actuel niveau de « développement ».

Pour ces raisons, il faut combattre l'affirmation politique de nos amis Américains, soutenue à plusieurs reprises aussi par des présidents des États-Unis : « the american way of life is not negotiable ». Le style de vie américain signifie la production de 26 % des émissions mondiales de CO^2 pour une population n'atteignant pas 5 % de la population mondiale ; la consommation de 801 litres d'eau potable par jour par habitant (alors que la consommation des Suédois se situe à 119 litres, celles des Belges à 106 litres, des Allemands à 130 litres par jour par personne) ; la production de 932 kg de déchets ménagers par an par personne (alors que la quantité des Italiens, fort producteurs eux aussi de ces déchets, s'élève à 350 kg par an par personne) ; une dépense annuelle de 500 milliards de dollars en armement. La devise *The american way of life* est simplement à bannir. Elle constitue une œuvre systématique de prédation. Il n'est pas question de la négocier…

D'après ce que tu dis, l'un des obstacles majeurs au changement du monde actuel est représenté par les États-Unis. Non seulement ils ne veulent pas changer leur « système » de vie, mais ils se sont apparemment attribués le droit de le défendre partout dans le monde, même avec les armes si nécessaire.

Tout le monde semble s'accorder sur ce fait. Les divergences sont importantes quant à l'évaluation de sa portée. Certains pensent que l'obstacle est de nature passagère, lié à l'actuelle équipe présidentielle. D'autres pensent que le problème est structurel. Il est dû au pouvoir impérial mondial acquis par les États-Unis au cours du XXe siècle. La substitution des républicains par les démocrates à la présidence des États-Unis ne modifiera point la substance, mais uniquement, le cas échéant, la forme et le langage. En effet, une condition impériale est

---

3. Ernst Ulrich von Weizsäcker, Amory B. Lovins, L. Hunter Lovins : *Factor Four – Doubling Wealth, Halving Resource Use*, Earthscan, London, 1997.

caractérisée par le fait que le sujet puissant peut empêcher tous les autres de faire ce qu'ils voudraient faire sans que tous les autres ne puissent empêcher le puissant de faire ce qu'il veut.

Comment est-il possible dans ces conditions de changer les priorités de l'ordre du jour mondial, comme toi et tant d'autres personnes le proposez ?

Une réponse « facile » consisterait à faire remarquer que tous les empires ont eu une fin : ce sera le cas aussi pour l'empire américain. C'est, évidemment, une réponse qui ne répond pas à la question qui est celle de savoir si un changement de système est possible à l'échelle mondiale *hic et nunc*. Ma réponse est affirmative. Elle s'appuie sur l'évidence constituée par ce qui est en train de se passer, d'une part, en Irak et, d'autre part, dans certains pays de l'Amérique latine, notamment au Vénézuela, en Bolivie, en Équateur, en Argentine, voire au Brésil. L'important, en ce qui concerne le Moyen Orient, n'est pas tant de savoir si les États-Unis se retireront de l'Irak ou non ; l'important c'est que les États-Unis ont perdu la guerre – leur guerre impériale – dans le mensonge aussi, et, avec elle, ont perdu respect et crédibilité. De même, en Amérique latine, l'essentiel ne consiste pas à savoir si Hugo Chavez a ébranlé et ébranlera davantage l'hégémonie économique des États-Unis et des occidentaux sur le continent latino-américain. Il a démontré qu'un pays dominé peut se révolter contre l'empereur, avec succès, et que des nouvelles priorités peuvent être données à l'ordre du jour mondial, parmi lesquelles émerge simplement et clairement le droit à la vie et à la dignité de tout peuple et de tout être humain.

Par ailleurs, la nouvelle crise financière montre également la non-humanité des logiques financières des « marchands » de l'empire. Elle montre, en même temps, qu'il est impossible de songer à humaniser le monde financier actuel. Une fois de plus, il est évident qu'humaniser le capitalisme fait partie non pas d'un rêve mais d'une naïveté cynique.

Les faits ci-dessus valorisent l'idée que le changement est possible car les habitants de la Terre sont amenés toujours plus à « penser les huit milliards d'êtres humains » qui habiteront la Terre dans moins de 20 ans. Non pas « penser *aux* huit milliards... », mais « penser *les* .... ». Ce faisant, ces huit milliards de personnes sont vues et considérées comme partie intégrante de notre manière de penser le monde et notre devenir.

Tant que le droit à la vie pour tous reste l'objet d'une expression de compassion, d'aide envers les « pauvres » et que les « groupes dominants », au Nord et au Sud du monde, dépenseront plus de 2,5 % de la richesse mondiale en armements[4], la lutte contre la pauvreté continuera à faire partie des politiques mineures, traditionnelles, dites en faveur du « développement » dans le monde. Dans 50 ans encore, il y aura plein de programmes internationaux, nationaux, publics, privés de lutte contre la pauvreté. Déjà maintenant, les fondations privées des richissimes fondateurs de l'empire mondial et des royaumes vassaux ont pris la relève des États pour organiser et gérer le commerce de la charité. Et si on laissait agir les tendances actuelles, « le peuple mondial des pauvres » – qui sera bénéficiaire de la charité du monde « développé » – risque d'être formé en 2025 par plus de trois milliards de personnes. La « lutte contre la pauvreté » restera alors essentiellement une politique de correction des effets. Pour cela, elle restera inefficace.

Pour la nouvelle narration du monde, au contraire, l'éradication de la pauvreté en tant que concrétisation du droit à la vie pour tous doit être placée en tête des objectifs politiques prioritaires de l'agenda mondial. En ce sens, l'éradication de la pauvreté devient l'objectif d'une politique de changement de direction.

Penser aux huit milliards d'êtres humains en 2025

Dire qu'il faut passer de l'objectif de la sécurité et de la richesse des peuples les plus forts, les plus compétitifs, à l'objectif du droit à la vie pour tous, n'est-ce pas une affirmation purement moraliste?

Bien au contraire, il s'agit d'une proposition politique aux conséquences importantes sur le plan institutionnel et économique aux niveaux local, national et mondial.

Poser comme objectif le droit à la vie pour les huit milliards de femmes et d'hommes signifie que dans les visions et les pro-

---

4. *SIPRI Yearbook 2006, op. cit.*, www.yearbook2006.sipri.org.

grammes pour le futur de nos pays et de la planète, il faut penser à la fois :

- aux paysans de l'État du Kerala en Inde, aux paysans de la Somalie..., dont les conditions de vie et de survie sont inacceptables, et dont le devenir dépend principalement non pas d'eux-mêmes mais des agissements de leurs élites, des marchés financiers, de nos gouvernements et de nos entreprises ;
- à l'épouse analphabète d'un ouvrier kurde non qualifié immigré en Allemagne ;
- au jeune Suédois fils de banquier qui étudie à l'INSEAD de Fontainebleau en France ou aux HEC de Montréal pour obtenir un diplôme de MBA, grâce auquel lui est promise une « brillante » carrière dans le domaine financier à Osaka ;
- au soldat colombien de l'armée de la guérilla à la solde des narco-traficants et qui reçoit un salaire (il aurait des difficultés énormes à en obtenir un autre légalement dans son pays) pour tuer d'autres soldats colombiens payés par l'armée officielle, elle aussi impliquée dans le trafic de drogue ;
- à la petite fille du Burkina Faso qui ne va pas à l'école (tandis que les garçons y vont) parce que sa tâche est d'aller chercher l'eau à 3-4 kilomètres du village (et peut-être plus) ;
- aux enfants de la rue à Sào Paulo ou à Rio de Janeiro qui continuent à être tués comme des chiens errants, pour le commerce illégal des organes humains ;
- à la fonctionnaire quadragénaire de la Commission européenne de l'UE qui participe à la rédaction de directives sur la libéralisation de l'éducation, sur la privatisation de l'énergie, ou sur le devoir d'employabilité des ressources humaines.

Toutes ces personnes font partie de la même humanité et ont droit à la vie, et pas seulement le jeune suédois de l'INSEAD ou la fonctionnaire quadragénaire de la Commission européenne ou le professeur émérite de l'Université Catholique de Louvain en Belgique, comme moi.

Quels sont, au fait, ces droits à la vie dont tu parles tant ? En quoi consiste pratiquement le droit à une vie « humainement digne » ?

Les droits à la vie[5] sont une multitude. L'important est de reconnaître l'existence d'un noyau dur, universel, commun de droits inhérents à la personne humaine et aux communautés humaines qui forment *les droits de citoyenneté.* Cela est fondamental parce que chaque jour nous apporte une quantité d'exemples montrant combien, dans le monde, la garantie et le respect de ces droits de citoyenneté sont limités, fragiles, bafoués.

Pourtant, par rapport à il y cinquante ans, les progrès ont été considérables, à en juger par les différentes catégories des droits humain reconnus aujourd'hui (Tableau 5)[6].

Tableau 5
Les différentes catégories des droits humains

Individuels et collectifs	Matériels et immatériels	Civils, politiques, économiques
Innés, acquis	Universels, « locaux »	Des femmes, des hommes, des travailleurs
D'accès, d'usage, de propriété	Imprescriptibles, non négociables	...

Le noyau des droits de citoyenneté est composé par les droits auxquels tout être humain a droit. À la différence des thèses défendues par la Théologie universelle capitaliste, la nouvelle narration affirme qu'il n'est pas besoin de prouver qu'on les mérite.

---

5. Pour définir ce qui est « humainement digne », on peut partir simplement de la Charte des Nations unies des droits humains et sociaux et des 16 indicateurs de développement humain (IDH) du Programme des Nations unies pour le développement (PNUD). Si la volonté politique existe, les instruments opérationnels ne manquent pas.

6. Voir la liste complète des traités internationaux relatifs aux droits humains dans www.untreaty.un.org.

Les droits à sauvegarder et promouvoir sont:

– sur *le versant « matériel »*

- le droit à l'eau potable
- le droit à l'air
- le droit à la nourriture (y compris le droit à l'eau et à l'irrigation)
- le droit au logement;

– sur *le versant « immatériel »*

- le droit à l'éducation
- le droit au travail
- le droit à la liberté (de pensée, de parole)
- le droit à la santé
- le droit à la liberté de mouvement;

– sur le *versant des droits collectifs* (relatifs au vivre ensemble)

- le droit à la paix
- le droit à la sécurité « tout court »: contre les risques et calamités naturels (de plus en plus provoqués ou facilités par l'action humaine), contre les agressions provenant d'autres êtres humains, peuples ou États
- le droit à la sécurité alimentaire
- le droit à la sécurité économique: aucun agent économique ne peut, par ses actes visant à la maximalisation de son propre intérêt, déstabiliser ou mettre en crise l'économie d'une population, d'un secteur, d'une région ou le revenu de milliers d'épargnants (cas fréquent des crises des fonds spéculatifs)
- le droit à la sécurité culturelle: liberté d'expression des identités collectives dans le respect de l'altérité
- le droit à la sécurité des libertés liées aux personnes (contre les abus et les violations dans les domaines de l'information, de la communication, de la santé, de l'ingénierie génétique...).

L'ensemble de ces droits définit les biens et services qui sont essentiels à l'exercice effectif des droits et qui doivent donc devenir, au cours des 20 prochaines années, l'ensemble des biens et services communs mondiaux dont :

– l'humanité est la première responsable ;
– l'économie (publique, coopérative et privée) doit assurer et promouvoir « le gouvernement » de façon optimale en fonction de l'objectif du droit à la vie pour tous.

Le point-clé de la narration fondée sur le droit à la vie pour tous se trouve dans le lien entre droit à la vie et être humain. Jusqu'à présent, la reconnaissance et le respect du droit à la vie avaient été liés au fait d'être membre d'une communauté de base (la famille, la tribu) et, surtout dans les pays occidentaux, d'un État national. Le droit et son exercice étaient conditionnés à l'appartenance à une communauté humaine spécifique « politique », souveraine. D'où les variations de situation suivant les lieux et les contextes (cas emblématique de l'Alsace, parmi de nombreux autres à travers le monde, dont les habitants ont changé plusieurs fois de nationalité/citoyenneté et de droits au cours des 200 dernières années).

Les phénomènes de rejet, d'exclusion et d'inégalité vis-à-vis de la citoyenneté auxquels de tels liens ont donné naissance, ont permis aux dernières générations de prendre conscience de la nature tronquée d'une vision de l'humanité fondée sur la séparation entre les êtres humains en termes de nationalité, de race, de sexe, de religion, de classe. Bien que reconnaissant les différences, une partie croissante des nouvelles générations partage une vision fondée sur l'unité anthropologique de l'humanité. En d'autres mots, j'ai des droits parce que je suis un être humain et non parce que je suis un citoyen italien, ou un mâle, ou parce que j'ai un diplôme universitaire. Le maintien des différences dues aux rapports de force inégaux entre les êtres humains n'est pas justifié. C'est la responsabilité première de l'humanité d'éliminer les inégalités dans le droit à la vie. La diversité culturelle entre les sociétés humaines n'est pas en contradiction avec l'unité de l'humanité.

L'illégalité de la pauvreté

Que signifie « il ne devra plus y avoir d'inégalités dans le droit à la vie » ?

Sans entrer dans de longues analyses, il y a différentes manières de voir les inégalités. La première consiste à dire que les inégalités de quelque nature que ce soit (biologique, économique, sociale, culturelle...) ont toujours existé et existeront toujours à l'avenir aussi. Les « pauvres », les « exclus » ne disparaîtront jamais. C'est pour cette raison, disent les partisans de cette idée, que ça n'a pas de sens d'essayer d'éliminer les inégalités. C'est lutter contre la nature. Chassées par la porte, elles rentreront par toutes les fenêtres possibles. Selon cette manière de voir, la chose la plus raisonnable qu'on puisse et qu'on doive faire, c'est d'en réduire la gravité et les conséquences dramatiques.

Une deuxième conception part de l'idée que les inégalités économiques et sociales entre les personnes (en termes de revenu, de style de vie et de consommation, de sécurité par rapport aux risques et aux maladies, de pouvoir, de reconnaissance sociale...), comme celles entre les pays et les régions (sur le plan du « développement »), ne constituent pas un problème. Le vrai problème – prétend-on – réside dans l'inégalité d'accès aux ressources, c'est-à-dire aux biens et aux services essentiels pour satisfaire les besoins personnels vitaux (matériels et immatériels). L'égalité réelle – au-delà de celle formelle éventuellement reconnue dans les constitutions des États et dans les Chartes des droits – consiste, d'après les tenants de cette deuxième conception, dans le fait d'être libre de participer, dans le cadre d'une libre concurrence, avec les moyens mis à disposition par la collectivité et par ses propres moyens personnels, à l'accès et à l'usage de ces ressources, au moindre coût et au plus grand bénéfice.

Si l'égalité dans l'accès aux marchés concurrentiels est garantie, les inégalités résultant des libres interactions entre les personnes sur les marchés locaux, nationaux et internationaux sont acceptables, voire « légitimes ». Elles représentent un aboutissement inévitable, naturel, voire juste, des inégalités existant entre les personnes au niveau de l'intelligence, de l'état de santé, du caractère, du hasard. Les inégalités de résultat (à la sortie) font partie des dynamiques sociales. Selon les défenseurs de cette thèse, ce qui est inacceptable c'est l'inégalité de départ (à l'entrée). Il est aussi important, disent-ils, que la liberté de ceux qui prouvent qu'ils sont meilleurs, plus forts, plus compétitifs, ne doit pas se traduire par des limitations à la liberté des autres. La justice sociale consiste à empêcher ou à corriger de telles distorsions, et non pas à éliminer les inégalités « à la sortie ».

Les dysfonctions actuelles du système capitaliste mondial témoigneraient de l'existence de problèmes au départ, soit parce que la liberté d'accès au marché n'est pas intégralement respectée, soit parce que le fonctionnement concurrentiel de marché a été affaibli par la constitution de situations d'oligopole et de monopole, ou à la suite d'interventions de l'État (subsides, nouvelles réglementations limitant la liberté du capital). Dans ces circonstances, la seule politique « bonne » est, d'un côté, de libéraliser les marchés en vue de rétablir l'indépendance et l'autonomie de l'économie nationale et, de l'autre côté, de renforcer les pouvoirs de contrôle et de sanction contre toute source de distorsion de la concurrence.

Cette deuxième conception inspire la Commission européenne depuis l'ère de la présidence de Jacques Delors. Le principe de la concurrence doit être, d'après les autorités européennes, à la base de l'organisation et du développement des services publics au sein de l'Europe, en tant qu'instruments clés de l'accès pour tous aux biens et services vitaux et à un développement social et territorial équilibré et équitable. On retrouve ainsi la théorie de la concurrence solidaire ou de la solidarité compétitive.

Selon une troisième conception – celle que je partage – il y a, d'une part, des inégalités humaines sur les plans physique, intellectuel... dites « naturelles », mais dont l'expression est, toujours plus, un produit de la société. À leur égard, la société peut et doit intervenir pour empêcher qu'elles ne dégénèrent en inégalités dans les droits. Ceci est le rôle des mesures dites de discrimination positive (dans le domaine de l'éducation, du travail, des services de proximité) et des mesures pour l'égalité des chances. Il y a, ensuite, des inégalités économiques et sociales liées surtout au niveau de revenu: l'un possède une Mercedes, tandis que l'autre roule en Panda, ou bien certains possèdent une villa à la mer alors que d'autres louent un petit appartement pour les vacances. Ces inégalités ne seront jamais totalement éliminées. Il faut en revanche que tous aient le droit aux vacances. La situation à combattre ne concerne pas les différences acceptables (il y a, évidemment, des différences en degré et qualité qui deviennent inacceptables) entre modalités de satisfaction d'un droit, mais entre un droit exercé et un droit nié.

Enfin, en ce qui concerne les inégalités dans la citoyenneté, elles ne peuvent être acceptées sous aucun motif. On ne peut pas être inégal dans le droit à la vie et dans les droits civils, politiques, sociaux. La citoyenneté n'admet pas de hiérarchies ni de classement. Il est impensable de construire une société avec des « citoyens » de 1er, 2e ou 3e ordre.

L'exemple de l'eau est donc un symbole ?

Il montre que la société actuelle ne forme pas une société mondiale, et que la globalisation opérée par les économies capitalistes et les logiques impériales des États-Unis n'est pas une mondialisation de l'humanité. Quand il y a encore 1,5 milliard de personnes qui n'ont pas accès à l'eau potable, on ne peut dire que le monde est une société humaine. Si la situation est laissée à la politique des petits pas, en 2020, sur une population estimée de huit milliards, plus de trois milliards n'auront pas accès à l'eau. La confirmation de ce qui se dit depuis des années a été donnée en août 2006, à Stockholm, par une étude présentée à la Semaine mondiale de l'eau, organisée chaque année par le Stockholm International Water Institute (SIWI[7]).

L'exemple de l'eau, comme on y a déjà fait allusion dans la section conclusive de la première partie, illustre bien, avec celui de la connaissance, les processus d'expropriation de la vie et

---

7. Voir les autres publications du SIWI, *Let It Reign: The New Water Paradigm for Global Food Security*, 2005 ; *Making Water a Part of Economic Development. The Economic Benefits of Improved Water Management and Services*, 2005 ; *Corruption in the Water Sector. Causes, Consequences and Potential Reform*, 2006, www.siwi.org. Je ne partage pas souvent les thèses promues par le SIWI, mais cet Institut reste un des centres d'analyse et de sensibilisation sur les problèmes de l'eau les plus intéressants au plan international.

des droits de citoyenneté opérés à l'encontre de milliards d'êtres humains par le système dominant.

Les processus d'expropriation ont commencé, de manière déclarée et explicite, à la fin des années 1970, avec les politiques d'ajustement structurel imposées par le FMI et la Banque mondiale aux pays « en voie de développement » qui avaient besoin d'immenses ressources financières pour leurs investissements en infrastructures. L'ajustement structurel a comporté, comme condition pour l'obtention des prêts, l'ouverture à la concurrence internationale des domaines concernés. Autrement dit, accepter leur privatisation et le transfert de leur contrôle de la part des autorités publiques nationales au profit des compagnies multinationales étrangères. Ainsi, à la fin de la Décennie internationale de l'eau promue par les Nations unies (1981-1991), les entreprises privées du monde occidental sont apparues comme les principaux sujets gestionnaires ayant le véritable pouvoir de décision et de contrôle en matière d'utilisation des ressources hydriques de nombreux pays d'Afrique, d'Amérique latine et d'une bonne partie de l'Asie.

C'est en 1992 à Dublin, à la Conférence des Nations unies en préparation du premier Sommet mondial sur l'environnement à Rio de Janeiro, que, pour la première fois, le capital privé a réussi à faire accepter par les pouvoirs publics le principe que l'eau doit être considérée non plus principalement comme « un bien social », mais comme un « bien économique » et, donc, soumise aux règles du marché.

En 1993, confirmant le principe de Dublin, la Banque mondiale publie le manuel *Integrated Water Ressources Management*, destiné à l'usage des États bénéficiaires des « aides » des pays occidentaux. Dans ce document, la Banque fixe les objectifs, les instruments et les modalités de ce qui, selon ses principes, doit devenir la politique intégrée des ressources hydriques dans tous les pays bénéficiaires de ses prêts ou désireux de le devenir. La Banque mondiale reconnaît explicitement s'être inspirée des principes promus par l'« école française de l'eau », c'est-à-dire par les grandes entreprises multinationales hydriques françaises, la Lyonnaise des Eaux (incorporée par Suez et devenue Ondeo) et la Générale des eaux (incorporée par Vivendi et devenue Veolia).

L'approbation en Italie de la loi sur l'eau (la loi Galli) en 1994 a été une des premières applications, dans un pays développé, des principes de l'«école française de l'eau», enrichis et «légitimés» par le sceau de la Banque mondiale.

En 1995, le capital privé réussit à faire insérer les services hydriques dans les tractations sur la libéralisation des services dans le cadre de l'OMC, qui venait juste d'être créée sur les cendres du GATT (General Agreement on Tariffs and Trade). Parmi les partisans les plus convaincus et acharnés de cette inclusion figure l'Union européenne, et pour cause... sous la pression du puissant lobby des entreprises hydriques européennes (9 des 10 principales entreprises hydriques au monde sont européennes : trois françaises, cinq anglaises et une allemande ; le capital de Thames Waters, n° 3 mondial et n°1 UK, est devenu en 2007 propriété d'une banque australienne, la Macquarie), l'Union européenne continue, encore aujourd'hui, à demander la libéralisation des services hydriques à plus de 70 pays parmi les plus pauvres au monde.

En 1996, fortes de la vague néolibérale qui touche tous les pays, les entreprises privées créent le Conseil mondial de l'eau avec le soutien enthousiaste de la Banque mondiale, de nombreuses organisations internationales de l'ONU et de gouvernements tels le français, le canadien, le suédois, le japonais, l'égyptien, le néerlandais, le marocain. Dans ce contexte, elles lancent en 1997 le premier Forum mondial de l'eau qui va se réunir tous les trois ans (La Haye 2000, Kyoto 2003, Mexico 2006, au programme : Istanbul, 2009).

En 10 ans, le capital privé a gagné une bataille idéologique importante : il a fait croire à beaucoup de dirigeants politiques et aux grands médias du monde que le Conseil mondial de l'eau et son Forum mondial de l'eau représentent une initiative internationale publique liée aux Nations unies. Faux ! En réalité, le Conseil mondial de l'eau est une organisation privée de droit français siégeant à Marseille, présidée par le président d'une filiale conjointe des deux principales entreprises mondiales d'eau (les françaises Ondeo et Veolia). De plus, grâce au succès médiatique des diverses éditions du Forum mondial de l'eau, les entreprises privées sont parvenues à faire accepter leurs principes, à savoir : l'eau doit être traitée comme un bien économique

dont le prix doit couvrir les coûts totaux, y compris le profit et
la rémunération du risque; la gestion privée des services
hydriques serait plus efficace et plus économique que la gestion
publique; les services hydriques doivent être libéralisés; le capital privé doit être la principale source de financement des investissements notamment dans le cadre du PPP (partenariat public/
privé, dont le « project financing » serait l'instrument privilégié).

En 2000, l'Union européenne approuve la Directive cadre
sur l'eau (DCE 2000). Élaborée sous la forte influence française
et anglaise (rappelons qu'en 1989, le gouvernement britannique,
ayant alors à sa tête Margaret Thatcher, avait entièrement
privatisé le secteur hydrique, y compris la propriété des réseaux,
et que le gouvernement de Tony Blair n'a rien fait pour une
éventuelle re-publicisation), la DCE reprend les principes
affirmés par la Banque mondiale.

La même année, la banque privée suisse Pictet – probablement
encouragée par la position de l'Union européenne – lance le
premier fonds international d'investissement privé spécialisé
dans le domaine de l'eau. Le Fonds Pictet vaut, aujourd'hui, en
six ans à peine, plus de 5 milliards de dollars. Depuis, une
vingtaine d'autres fonds privés spécialisés dans l'eau ont vu le
jour aux États-Unis, au Canada, aux Pays-Bas, en Belgique, en
Australie. Mentionnons parmi les plus importants: les Blue
Notes de ABN-AMRO, le belge KBC Ekofond, le Sustainable
Asset Management Water Funds, le Water Certificates de Fortis,
ASN ou le Water Fund créé par l'ancien directeur de l'Agence
pour la protection de l'environnement (EPA) des États-Unis. À
ces fonds, il faut ajouter les investissements destinés aux activités hydriques par les autres fonds d'investissement privés dits
généraux («hedge funds»: fonds de pension, fonds mutuels,
voire «equity funds»), ainsi que par les fonds internationaux
publics ou parapublics comme les fonds dits «Environnemental
Facilities» ou les «Water Facilities» créés par le Groupe Banque
mondiale, la Banque européenne des investissements et des organismes comparables pour l'Asie, l'Amérique latine, l'Afrique, le
Monde arabe. Selon le *Bloomberg World Water Index* de fin
mai 2006, le niveau des profits des investissements dans les
entreprises hydriques au cours des trois dernières années a été
supérieur à celui des entreprises pétrolières et mécaniques.

La marche triomphale du capital privé à la conquête du contrôle des ressources hydriques à travers le monde entier trouve deux « conclusions » provisoires : la première en octobre 2005 avec la création, à l'initiative encore une fois des entreprises françaises, d'Acquafed, de la fédération internationale des entreprises hydriques privées, dont le but explicite est d'œuvrer à tous les niveaux nationaux et internationaux pour la défense et la promotion des intérêts des entreprises membres (plus de 200, fin 2006) ; la deuxième, en mars 2006, avec la création à Bruxelles de la European Water Network grâce à laquelle elles s'installent confortablement, en tant que lobby agréé, au cœur du système européen de la mise en place de la politique européenne de l'eau en phase rapide de définition.

Que faire ?

Il est évident que, dans les pays où la législation est insuffisante ou inexistante, le premier pas à réaliser est l'adoption d'une loi nationale sur l'eau établissant le droit humain à avoir accès à l'eau et le principe de l'eau « bien public », sous la responsabilité gestionnaire et financière d'organismes publics et des collectivités publiques (des communes à l'État). Certains pays – l'Uruguay, la Bolivie, le Vénézuela, par exemple – ont récemment adopté de telles lois. Aux Pays-Bas, une loi de 2004 a interdit la concession de la gestion des services de distribution de l'eau potable à des entreprises privées. En Belgique et en Suisse, la gestion des services hydriques est entièrement publique, à l'exception, en Belgique, de la gestion d'une partie de l'épuration des eaux usées à Bruxelles. Il est donc possible d'arrêter et de renverser les tendances de ces 20 dernières années favorables à la privatisation des services hydriques et à la marchandisation de l'eau, qui ont aussi dominé au Canada et, depuis une dizaine d'années, au Québec.

De l'approbation de lois nationales dépend la mise en route d'autres initiatives et l'adoption d'autres mesures importantes telles que : la reconnaissance effective du droit humain – universel, indivisible et imprescriptible – à l'eau pour la vie (usages domestiques) et pour la sécurité de l'existence collective (l'agriculture, l'industrie, l'énergie) en quantité et qualité considérées nécessaires et indispensables par l'Organisation mondiale de la santé. L'OMS fait référence à 20 litres par jour par personne dans les pays « pauvres » et à 50 litres dans les pays « riches ». Les gouvernements suisse et allemand ont essayé dans le passé de promouvoir une initiative intergouvernementale internationale visant à signer une Convention internationale sur le droit humain à l'eau, sans aucun succès. En 2006, le gouvernement allemand a relancé l'initiative en demandant la nomination d'un rapporteur sur le droit à l'eau au sein du nouveau Conseil des droits humains de l'ONU. Plus récemment, lors de l'Assemblée mondiale des élus et des citoyens pour l'eau (AMECE), tenue à Bruxelles au siège du Parlement européen du 18 au 20 mars 2007, les gouvernements italien et bolivien se sont engagés à soutenir l'adoption d'une résolution de l'ONU en 2008, à l'occasion du 60ᵉ anniversaire de la Déclaration universelle des droits de l'Homme, incorporer le droit humain à l'eau dans la Déclaration universelle, et l'organisation d'une Conférence internationale censée élaborer et mettre en œuvre un Protocole mondial de l'eau. Cette dernière proposition a été reprise par une résolution signée conjointement par des députés membres du Parlement latinoaméricain (Parlatino), du Parlement européen et du Parlement panafricain, lors du VIᵉ Sommet social pour l'intégration latinoaméricaine qui s'est tenu à Caracas du 31 juillet au 3 août 2007. Là, a été adopté le principe de la prise en charge des coûts relatifs à l'accès à l'eau pour la vie au moyen d'une fiscalité générale et spécifique, complétée par des charges supplémentaires (les tarifs) supportées par les citoyens/utilisateurs, de nature progressive à partir d'un niveau d'utilisation supérieur au niveau du droit. Il est entendu que l'utilisation de l'eau au-delà d'un certain seuil quantitatif, considéré par les autorités publiques comme un usage abusif, est interdite. Il en va de même pour l'usage d'eau comportant un degré de pollution (agricole ou industrielle) défini intolérable. Loin de suivre le mauvais principe « pollueur payeur », il convient d'appliquer le principe « on ne peut pas polluer ».

Il s'agit, en général de promouvoir un « gouvernement » public de l'eau, de toutes les eaux, mettant fin à la grande diversité et fragmentation qui caractérisent à l'heure actuelle, partout, la propriété effective et la « gestion » de l'eau sous la multitude et variété des cadres législatifs, des institutions responsables, des sujets gérants, des organes de financement, de contrôle et d'évaluation.

Le problème n'est pas tant le nombre des sujets responsables de l'eau. En soi, si cela reste dans des proportions raisonnables, le nombre et la diversité peuvent constituer un élément positif, à condition, cependant, qu'il existe des mécanismes et des institutions de coordination réelle, d'orientation et de responsabilité unitaire, ce qui n'est pas le cas. Les divers organismes responsables sont souvent incapables de se parler, de coopérer, de travailler ensemble. En fait, ils ne le souhaitent pas, tant ils sont devenus des porteurs et des défenseurs d'intérêts particuliers. Or, la gravité des problèmes et l'urgence de concrétiser le droit à la vie pour tous, *hic et nunc*, impose au contraire une forte capacité d'action de la part des institutions politiques publiques fondée sur les principes de coordination, de co-responsabilité, de coopération et de participation réelle des citoyens.

Comme dans d'autres domaines pour lesquels le seuil critique est étroitement lié à la crise structurelle du mode de production et de consommation, il importe de mettre en œuvre un « gouvernement » public de toutes les eaux en se donnant comme objectif prioritaire la mutation profonde des usages dans le sens d'une politique axée sur l'épargne de l'eau, sur une utilisation et réutilisation durables de l'eau, et sur la priorité à la manutention et à la modernisation permanente graduelle des infrastructures et des services, et non pas sur la politique des grands ouvrages, des grands systèmes, et, donc, des grands investissements. Cette politique a largement démontré qu'elle était surtout source inévitable de gaspillages, de retards, de corruption, d'inefficacité et de coûts humains et environnementaux considérables. Les seuls bénéficiaires de cette politique sont les entreprises de construction et les entreprises financières impliquées.

Enfin, il faut pratiquer une autre politique de coopération « internationale ». Depuis plus de 20 ans, au Canada en particulier, il a été justement soutenu qu'il fallait passer d'une « politique d'aide » (rassembler des fonds et puis les distribuer en saupoudrage à travers le monde, en Afrique ou en Amérique latine, sous forme de multiples « petits projets » pour la construction de puits, de citernes, l'achat de pompes hydrauliques, la construction de petits réseaux de canalisation, d'égouts) à une politique de co-développement. Si un tel passage a eu lieu, il faut admettre qu'il n'a donné aucun résultat. En réalité, on est encore loin du co-développement. Qui plus est, dans le domaine de l'eau comme dans celui de la connaissance, on s'en est fortement éloigné pour soutenir une « nouvelle » politique de la coopération centrée sur l'intervention massive du secteur privé et sur le partenariat public-privé dans le contexte d'une économie (faussement) globalisée et libéralisée de manière asymétrique (c'est-à-dire au désavantage des pays les plus pauvres). Considérant l'importance capitale de l'eau pour la vie, l'eau est un domaine stratégique où on mesurera la capacité de nos classes dirigeantes à inventer une « autre » politique de coopération inspirée du co-développement. On pourrait, en effet, affirmer : « Dis-moi ce que tu fais dans le domaine de l'eau et je te dirai la société que tu es et ce qu'est ta politique de coopération. » Deux mesures suffiraient pour y voir clair : un transfert de 10 % du budget militaire sur le budget pour la coopération (sans augmentation du volume total des dépenses militaires) ; l'adoption de taxes mondiales sur les mouvements spéculatifs, les fortunes privées, les fondations privées, les processus et les produits à effet de serre.

Une société respectueuse de l'égalité dans la citoyenneté a-t-elle jamais existé ?

Sur tous les plans, jamais. Mais il est quand même correct de dire que les sociétés scandinaves des années 1950-1970 ont représenté une société fondée sur l'égalité dans la citoyenneté plus qu'ailleurs dans le monde. Un des principes fondateurs du *Welfare* fut « personne n'a le droit d'être pauvre ». Il est vrai que ces pays ont abandonné un tel principe ces dernières années.

Selon ce que tu dis, il faut penser que le problème principal pour les huit milliards de personnes se traduit en une histoire de pour et contre l'État du Welfare *et que l'alternative à la globalisation capitaliste serait un « État mondial du* Welfare *» ?*

Tu vas trop vite. Ta conclusion, qui pourrait sembler correcte, risque d'être précipitée et superficielle, donnant l'impression qu'il suffirait d'extrapoler ce que fut le système scandinave de *Welfare* d'un niveau national au niveau mondial pour résoudre tous les problèmes. Comme nous le verrons plus loin, il n'en est rien. Je pense que la première chose à faire pour les 20 prochaines années, c'est de procéder à la définition et à la mise en place d'un « contrat social mondial » – dont le « contrat mondial de l'eau » pourrait être la première forme de concrétisation – à partir de la reconnaissance de l'humanité et des biens communs mondiaux, mettant en valeur non seulement l'expérience scandinave mais aussi toutes les autres formes de vivre ensemble pratiquées en Asie, en Afrique, en Amérique latine, et fondées sur le respect du droit à la vie pour tous. Les expériences des communautés des peuples andins, des villages indiens, ou de certaines populations africaines comme celle des Peuls, ont une grande valeur. Universaliser le modèle scandinave serait une erreur. Cela voudrait dire continuer avec la logique d'universalisation de la civilisation occidentale, condamnée à juste titre par de nombreux penseurs occidentaux parmi lesquels il faut mentionner Serge Latouche[8].

Peux-tu préciser mieux ce qu'il y a à faire ?

Partir du droit à la vie pour les huit milliards de personnes qui habiteront la planète en 2020-2025 signifie *déclarer illégale la pauvreté*. Comme le XIXe siècle est passé à l'histoire, entre autres, pour avoir déclaré illégal l'esclavage, ainsi le XXIe siècle devrait marquer l'histoire de l'humanité en déclarant illégale la pauvreté : « la privation du droit à une vie digne et décente sur le plan humain et social est illégale ».[9] Comme l'esclavage a été

---

8. Voir en particulier *L'occidentalisation du monde. Essai sur la signification, la portée et les limites de l'uniformisation planétaire*, La découverte, Paris, 2006.
9. La proposition de proclamer l'illégalité de la pauvreté a été introduite, sous mon « instigation », dans le rapport du World Political Forum présenté lors de son assemblée à Stresa en octobre 2004 (WPF), « Poverty, a Challenge to globalisation », Turin, 2005, www.theworldpoliticalforum. org. Le WPF a été créé et est présidé par Mikhail Gorbachev.

l'expression du rejet de l'autre, en introduisant la division/ opposition entre citoyens et esclaves, ainsi devons-nous aujourd'hui rejeter la négation de l'autre fondée sur la division/ opposition entre riches et pauvres et donc inclus/exclus par rapport à la vie.

On n'a pas besoin d'attendre une conférence intergouvernementale mondiale pour déclarer illégale la pauvreté. L'initiative peut venir des collectivités locales. Beaucoup d'entre elles, déjà, dans différentes parties du monde, se sont déclarées « hors AGCS », affirmant leur opposition aux mesures de libéralisation, privatisation et commercialisation des biens et services publics en discussion dans le cadre de l'Accord général sur le commerce des services (AGCS), tellement cher à Pascal Lamy, socialiste français et aujourd'hui directeur général de l'OMC (également ancien commissaire européen et ancien chef de cabinet de Jacques Delors lorsque celui-ci était président de la commission européenne). Le fait que, un an et plus après l'échec des négociations de Doha, la machine OMC reste encore en panne, a contribué à éloigner le danger, mais celui-ci n'est pas entièrement éliminé. D'ailleurs, de nombreux gouvernements (pas seulement les États-Unis) ont contourné l'obstacle de l'échec en signant plusieurs accords commerciaux bilatéraux.

Toujours est-il que les communautés locales peuvent se mobiliser et prendre position à la tête d'un mouvement populaire mondial pour la mise au ban des facteurs, des législations et des institutions dont les actions perpétuent, voire renforcent, le maintien de la pauvreté. C'est déjà le cas du mouvement « GMO free » (communautés hors organismes génétiquement modifiés)[10] ou, en Italie, des communautés « eau bien commun »[11].

Il serait utile que tu expliques ce que signifie concrètement déclarer illégale la pauvreté.

Cela signifie surtout changer beaucoup de choses dans nos sociétés. Ce n'est pas seulement poser des actes de bonté, de compassion. On ne l'a pas fait jusqu'à présent et il ne sera pas

---

10. Sur les OGM, je renvoie à l'ouvrage de Vandana Shiva, *Biopiracy, op. cit.*
11. www.acquabenecomune.org.

facile de réussir à ce que cela soit fait en l'espace de quelques années.

Déclarer illégale la pauvreté signifie mettre hors-la-loi tout ce qui viole les droits humains et sociaux et engendre des phénomènes d'exclusion de l'accès aux biens et services essentiels à la vie. Il ne s'agit pas de combattre les riches, sauf les riches qui légitiment l'existence de la pauvreté comme un fait « naturel » et qui prétendent qu'elle est inévitable, mais de combattre la pauvreté à la racine, en éliminant les facteurs qui la génèrent et la perpétuent. Un système fiscal qui vise à promouvoir la justice sociale n'est pas contre les riches, mais contre l'injustice sociale.

Donnons quelques exemples. Interdire légalement, dans nos pays, la possibilité pour les entreprises de délocaliser leurs activités de production dans des pays aux salaires plus bas et de moindre protection sociale, c'est justement déclarer illégale la pauvreté, car les propriétaires des entreprises qui délocalisent le font non pas pour créer des emplois supplémentaires ailleurs et améliorer les conditions de vie des autres populations, mais pour payer moins le personnel de nos pays et rétribuer davantage leur capital. Ils se justifient en prétextant la compétitivité internationale qui les obligerait à délocaliser sous peine d'être éliminés du marché. Il s'agit d'un argument spécieux car la compétitivité internationale a été voulue et imposée dans le monde par nos dirigeants, nos entrepreneurs, nos théologiens du libre capitalisme de marché mondial.

Des décisions comme celle prise en octobre 2003 par Ford à Genk (Belgique) de fermer son unité d'assemblage pour la déplacer en Turquie, licenciant 3 000 personnes, doivent être rendues légalement impossibles ou, au minimum, soumises à des conditions restrictives sévères, accompagnées de graves sanctions en cas de non-respect. Autoriser de telles délocalisations implique la légalisation du fait qu'on puisse considérer la personne humaine – donc des milliers, des millions d'êtres humains – comme de la matière première, une marchandise (« ressource humaine », dit-on !) qu'on emploie et qu'on jette, en fonction des intérêts privés et du niveau de rentabilité financière recherché.

La liberté d'entreprise, considérée par les groupes dominants comme l'un des principes fondateurs de la civilisation occidentale, ne peut prévaloir sur le principe du droit des personnes à la vie et à une vie décente. Rappelons que, dans le contexte de l'État du *Welfare* européen occidental des années 1950-1970, les délocalisations comparables à celles d'aujourd'hui n'étaient pas admises, ce qui n'a pas empêché nos entreprises de se développer librement et de permettre que ce développement bénéficie à l'ensemble de la population (ce qui fut démontré par le fait que la richesse moyenne augmenta régulièrement et les inégalités dans la citoyenneté furent considérablement réduites.)

Les mêmes remarques valent pour les mesures qui ont légalisé la précarité du travail en favorisant sa généralisation et son acceptation comme si elle était un trait inévitable, quasi «naturel» de l'économie contemporaine. La précarité du travail est non seulement moralement inacceptable, elle l'est surtout légalement au plan des droits constitutionnels, notamment dans les pays occidentaux qui, comme en Italie ou en Allemagne, ont inscrit le droit au travail dans leur Constitution. Il est vrai que cet argument ne vaut rien dans des pays comme les États-Unis où le système social est basé sur la priorité absolue donnée au principe de la liberté individuelle et sur l'acceptation des inégalités sociales. Ainsi, le lien entre précarité du travail et haut niveau de pauvreté urbaine est très fort aux États-Unis, en particulier dans les villes à forte population afro-américaine et d'immigration latino-américaine.

Chapitre 5

Construire l'économie, « les règles de la maison », au service de la vie

La définition de l'économie

TU AS DIT À DIFFÉRENTES OCCASIONS qu'il est impensable d'éliminer la pauvreté par des réformes de l'économie actuelle qui maintiennent intacts ses principes fondateurs et ses principales règles. Si l'on veut éradiquer la pauvreté, dis-tu, il faut changer « les règles de la maison » à tous les niveaux, du local au mondial. Quelles nouvelles règles proposes-tu ?

Commençons par rappeler la signification de « économie ». L'origine du terme vient du grec *oikonomos* qui signifie les règles (*nomos*) de la maison (*oikos*, le milieu où l'on vit, l'environnement, l'habitat). Pendant longtemps, « économie » a signifié l'art de bien gérer une maison, c'est-à-dire les biens d'une famille, d'une communauté, d'un monastère... d'où les appellations « économie domestique », « économie citadine ». Avec l'avènement de l'État moderne, l'application du terme à été étendue aussi à l'art de gérer (administrer) les richesses de l'État, d'où l'« économie publique ».

C'est avec l'industrialisation que la définition la plus courante a commencé à être celle de « science » des phénomènes relatifs à la production, la distribution et la consommation des biens,

pour devenir, à partir de l'expérience américaine, d'après la définition théorisée par Paul Samuelson : « L'étude de la manière
dont les particuliers et la société accomplissent des choix relatifs
à l'emploi des ressources productives rares pour produire différents types de biens et pour les distribuer entre les individus et
les groupes de la collectivité afin qu'il les utilisent dans le présent ou dans le futur[1]. »

Tu auras remarqué que l'accent est mis tant sur « les particuliers » que sur la « rareté » des ressources. À mon avis, la conscience croissante de la mondialité de la condition humaine et
du devenir des sociétés fait en sorte que le sens originel d'économie en tant que règles de la maison prend à nouveau toute la
mesure de sa valeur. Sous cette nouvelle lumière, la « maison »
est l'humanité, le monde (le *kosmos*).

Peut-être pour la première fois dans l'histoire de l'humanité,
l'économie devient effectivement « les règles de la maison » et
non plus – et plus seulement – les règles de nombreuses maisons,
de maisons « nationales », « régionales » « locales ». Le grand
historien français Fernand Braudel, parmi les premiers, a parlé
d'économie-monde, se référant à l'époque « méditerranéenne »,
à partir du XVe et XVIe siècle. Sans doute, le commerce fit naître
déjà à ce moment-là une « économie-monde ». Aujourd'hui, ce
n'est plus seulement le commerce, la finance, la technologie,
voire certaines « modes » culturelles qui « font » l'économie-
monde. Aujourd'hui, l'économie-monde est faite par l'ensemble
des dimensions qui se retrouvent dans la prise de conscience de
la mondialité de l'existence et de l'unité anthropologique de
l'humain, ainsi que de la globalité de l'écosystème Terre. Une
telle situation appelle de nouvelles règles de la maison, une
nouvelle économie.

Dans le cadre et dans l'esprit de la « nouvelle narration du
monde », il y a deux points de départ pour concevoir et définir

---

1. L'œuvre de Paul Samuelson, prix Nobel d'économie en 1970 (voir, en
   particulier, son principal ouvrage *Foundations of Economic Analysis*,
   Harvard University Press, Harvard, 1947, édition élargie en 1983) est
   devenue la *summa* de l'orthodoxie de l'économie capitaliste de marché
   enseignée dans les écoles et les universités des États-Unis et, par ricochet,
   en Europe et dans les autres pays « occidentalisés » du monde.

les « règles de la maison » : les droits humains et la mondialité de la condition humaine et de son devenir. C'est aussi sur cette base seulement que l'économie peut prétendre être à la fois « science humaine et sociale » et « pratique sociale », et être capable d'évoluer et de s'améliorer, au service de tous les membres de la « maison commune mondiale » et des générations futures.

Dès lors, quelle est la définition de l'économie que tu proposes et qui devrait devenir, selon toi, la définition la plus acceptée ?

« L'économie est l'ensemble des règles de la maison avec lesquelles la société, des communautés locales à la communauté mondiale, dans le respect des diversités culturelles, fixe les principes et les objectifs généraux d'utilisation et de valorisation des ressources matérielles et immatérielles disponibles, en particulier en fonction de la production des biens et services communs considérés essentiels à la vie de tous et au vivre ensemble. Ceci afin d'assurer à chacun le droit à une vie humainement digne sur le plan des droits civils, politiques et sociaux, dans le respect également des droits des générations futures et d'une évolution durable de l'écosystème Terre. »

Conformément à cette définition, j'organiserai l'économie autour de trois sphères principales :

1. *Une économie des biens et des services communs mondiaux* essentiels à la vie, dont la propriété et la gestion appartiennent à la collectivité et dont elle est la responsable première. Ceci est la *sphère de l'économie publique.*

L'économie publique concerne les règles de la maison appliquées au vivre ensemble aux différents niveaux « territoriaux » d'appartenance identitaire et de « représentation » que sont les communautés locales (le village, la ville, l'aire métropolitaine), les communautés régionales (la Toscane, la Gaspésie, la Picardie), les communautés étatiques (État national, fédéral, plurinational...), les communautés continentales (l'Union européenne, l'Amérique latine...), la communauté mondiale (l'humanité).

Dans l'économie publique, le paramètre de définition de la valeur est constitué par la contribution apportée par l'utilisation et la valorisation des biens et services au droit à la vie pour tous et au vivre ensemble. Les indicateurs du développement humain du PNUD peuvent servir à déterminer, bien mieux que le PIB, la valeur des différentes activités de l'économie publique. Il est important et urgent de travailler à la définition d'indicateurs plus complets et adaptés aux biens et services communs mondiaux.[2]

2. *Une économie de biens et services utilisés et valorisés par des groupes organisés « privés »*, comme les communautés religieuses, les coopératives, les associations sans but lucratif dans tous les domaines (du club de philatélie à l'association de promotion des cultures locales, du comité de protection du Haut Tibre à l'association des juristes de droit commercial...), dont le but est d'augmenter le bien-être des membres ou de sauvegarder et améliorer le capital social commun. C'est la *sphère de l'économie coopérative* (que certains appellent aussi économie sociale[3], économie équitable, économie solidaire).

L'économie coopérative a les mêmes niveaux « territoriaux » de référence que l'économie publique, même si les implications ne sont pas les mêmes sur le plan de l'identité et des représentations.

Le paramètre de définition de la valeur dans l'économie coopérative est la contribution apportée à la réalisation des objectifs de l'organisation. Considérant la multiplicité et la variété des organisations opérant dans cette sphère, il est difficile d'identifier des mesures « standard » de valeur pour toutes les organisations.

3. *Une économie de biens et services appropriés et gérés sur une base individuelle, personnelle,* dans le but d'augmenter, en l'optimalisant, la satisfaction des besoins individuels, c'est-

---

2. À signaler le travail important réalisé à cet égard par l'International Institute for Sustainable Development grâce à son outil « Dashboard of Sustainability » à partir de 2001. Voir le dernier rapport du IISD, *Sustaining Excellence : The 2006-2007 Annual Report*, Winnipeg, 2007.

3. Une excellente « introduction » à l'économie sociale est représentée par *Le dictionnaire de l'économie sociale, de l'associatif et du non-marchand,* CES, Université de Liège, Liège, 2006.

à-dire l'utilité personnelle des différents acteurs de cette économie : l'entreprise privée (de production, de consommation, de
services), les consommateurs, l'investisseur, l'épargnant. C'est
la *sphère de l'économie privée capitaliste de marché*.

Les règles de la maison concernent surtout l'affirmation du
droit à la propriété privée, du droit à la propriété du capital, du
droit à la liberté d'investissement, de commerce, de consommation, d'épargne.

L'espace social de référence est le marché. Pendant longtemps,
les niveaux territoriaux de référence ont été multiples (marchés
locaux, citadins, régionaux, marchés nationaux, continentaux,
mondiaux). Jusqu'à la fin du XVIIIe siècle, il y eut prédominance
des marchés locaux, citadins et régionaux. Ensuite, tout au long
du XIXe siècle et jusqu'à la fin de la seconde moitié du XXe siècle,
les marchés nationaux ont dominé. Depuis une trentaine d'années, dans certains secteurs (la finance, les matières premières,
les transports, les télécommunications, le pétrole, l'industrie
informatique, les médicaments), on assiste à une prédominance
des marchés mondiaux et continentaux. La tendance va vers la
mondialisation sans entraves de tous les marchés.

Le paramètre de mesure de la valeur dans l'économie privée
est la contribution apportée à la création de valeur pour le
capital privé, toujours plus en termes financiers.

*Quelles sont les priorités que la nouvelle narration devrait se
donner dans le cadre des trois sphères ?*

La nouvelle narration implique un choix en faveur :

- de la refondation et du développement de l'économie
  publique, à partir de la primauté des biens et services communs mondiaux ;
- de la promotion et de l'expansion de l'économie coopérative, spécialement au niveau des communautés locales,
  régionales et continentales.

Pour la nouvelle narration, la priorité doit être donnée à l'économie publique locale et mondiale et à l'économie coopérative
continentale, notamment parce que ce qui domine actuellement
est l'économie privée capitaliste de marché. Celle-ci cherche

d'ailleurs à s'imposer comme la seule sphère optimale d'organisation et d'application des règles de la maison, à tous les niveaux. Les groupes dominants sont en train de transférer toutes les activités de l'économie publique dans la sphère de l'économie privée, confiant au capital privé le pouvoir de décision et de contrôle qui devrait plutôt appartenir aux communautés politiques. L'économie privée n'est pas traitée comme une des formes possibles de l'économie, mais comme la seule forme possible. L'actuel désinvestissement de l'État est inacceptable (voir la première partie).

Figure 1
Les trois sphères de l'économie

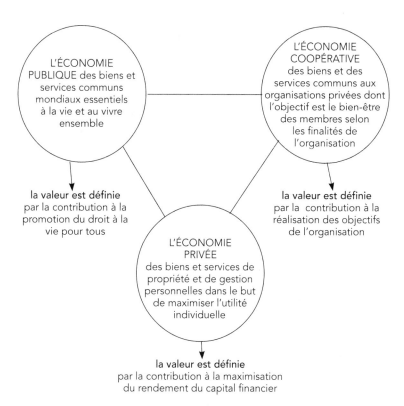

Pour le désarmement financier de l'économie actuelle

Mais, que peut-on faire pour renverser ces tendances? Quelles mesures proposes-tu?

Parmi les premières règles de la maison qu'il faut changer figurent celles qui régissent le système financier et la fiscalité.

Il est temps de désarmer la finance. Dans une économie moderne, le rôle de la finance est d'établir les liens les plus harmonieux et efficaces possibles entre la richesse disponible et la création de nouvelles richesses, c'est-à-dire les liens entre épargne et investissement. La finance existe pour permettre de transformer la richesse produite et non consommée – par les familles, les entreprises et autres sujets privés et publics – en investissements pour la production, la distribution et la commercialisation des biens et services qui, présume-t-on, créent une nouvelle richesse.

Depuis une trentaine d'années, ce n'est plus ce qui prévaut. La finance est de moins en moins reliée à l'économie réelle. Pire, il y a eu inversion des rôles: l'économie réelle est subordonnée aux logiques de l'économie financière. Le rendement financier à court terme est devenu l'objectif à atteindre, le critère de choix d'un investissement et le paramètre d'évaluation de toute prestation économique.

Il est possible de promouvoir une autre économie fondée sur une configuration financière différente et une nouvelle architecture fiscale. Voici quelques propositions de base:

a) Rétablir les contrôles sur les mouvements de capital et les taux de change.

Cela comporte la réaffirmation du principe que le politique a le pouvoir de décision en matière de fixation des priorités dans l'allocation des richesses disponibles. Il s'agit de rétablir la primauté du politique sur la finance[4];

---

4. La Malaisie, sous le premier ministre Mohamed Mahadir, fut le seul pays qui introduisit et maintint un sévère contrôle sur les mouvements des capitaux et les taux de change. Il fut également le pays qui sortit de la crise en meilleure condition que les autres.

b) Les parlements doivent récupérer une capacité d'intervention en termes de pouvoir d'orientation et de contrôle sur les banques centrales. L'indépendance politique des banques centrales est une tromperie. Leur rôle anti-inflationniste est une mystification : le statut des banques centrales, tant dans les pays du Nord que dans ceux du Sud, a été modifié pour aller au-devant des demandes des opérateurs financiers privés et non des besoins de la population. Les banques centrales, dont les membres sont nommés par les gouvernements et qui pourtant s'engagent à en garantir la pleine indépendance, sont soumises « politiquement » aux logiques des sujets privés des marchés financiers mondialisés.

La nouvelle crise financière internationale du mois d'août 2007, suite à laquelle ont été « perdus » en quelques jours plus de 200 milliards de dollars (perdus pour les petits épargnants), est une bonne démonstration de la façon dont les mécanismes financiers – jugés bons par le système capitaliste de marché mondialisé – mis en place ces dernières années (ladite finance innovatrice) constituent, au contraire, des modalités de fonctionnement déraisonnables au service des logiques de prédation de la richesse du plus grand nombre à l'avantage de l'enrichissement d'un petit nombre, sur lesquels les banques centrales n'ont aucun pouvoir réel d'intervention, sinon après coup, à titre d'ambulanciers. La pauvreté croissante de milliards de personnes dans le monde n'est, en effet, que le résultat de mécanismes d'appauvrissement.

Si les parlements des divers pays du monde devaient continuer à soutenir l'indépendance des banques centrales, je propose de ne plus élire les parlementaires mais les gouverneurs des banques centrales. Il ne s'agit pas d'une provocation, mais d'une proposition logique. Dans les pays qui se veulent démocratiques, on élit ceux à qui les citoyens donnent le pouvoir de décision. Or, les représentants élus des citoyens que sont les parlements ont décidé eux-mêmes d'abandonner tout pouvoir de contrôle sur les banques centrales en les reconnaissant « indé-

pendantes» du pouvoir politique et de leur confier la
responsabilité de la politique monétaire. Dès lors, si l'on
veut rester en démocratie, il convient d'élire les gouverneurs. Bien entendu, il est préférable, à mon avis, de
désarmer la finance et d'éliminer l'indépendance des
banques centrales par une modification des lois existantes.

c) Abolir le secret bancaire. On peut sauvegarder le droit à
la propriété privée et le droit à la confidentialité sans pour
autant maintenir le secret bancaire. Le maintien du secret
se traduit par la légalisation d'une longue liste de comportements financiers «criminels». Je pense aux fausses
comptabilités, aux insuffisances des sociétés de révision
de comptes, aux trucages fiscaux et à l'évasion fiscale,
aux détournements de fonds. La supposée transparence
des marchés n'est qu'une mystification. Il suffit d'ouvrir
les journaux pour le constater.

d) Éliminer les paradis fiscaux. Il y a, actuellement, entre 60
et 90 paradis, appelés aussi gracieusement «centres de
coordination fiscale». Leur existence est un acte d'injustice
légalisée. Elle est une gifle donnée à la citoyenneté et à la
démocratie. Les paradis fiscaux constituent des institutions
agissant ouvertement comme sources de criminalisation
de l'économie (évasion fiscale, recyclage des profits de la
drogue et du commerce illégal des armes, spéculation
financière la plus agressive).

e) Donner naissance à une nouvelle génération de caisses
d'épargne, de banques populaires et de banques coopératives, dont la fonction sera de mettre la finance au
service des biens et activités nécessaires pour le droit à la
vie.

f) Construire une nouvelle architecture fiscale aux niveaux
international et national. En ce qui concerne le niveau
international il s'agit de mettre en œuvre des formes de
taxation mondiale, dont le principe a été accepté récemment par certains gouvernements (par exemple la France,
le Brésil, l'Italie). Au plan national, il convient de modifier

rapidement l'axe de gravitation de la fiscalité, mis, jusqu'à présent, sur le travail et les biens communs, en le déplaçant vers les ressources naturelles privatisées et dont l'usage est particulièrement nocif pour la vie sur Terre[5].

---

5. La redistribution de la richesse passe aussi par une autre structure fiscale sur les coûts de production. Jusqu'à présent, le travail a été le facteur de production le plus grevé par le levier fiscal. Il est temps de diminuer la taxation sur le travail (à la charge des travailleurs, notamment) et d'augmenter les taxes sur les ressources naturelles/processus de production, sources importantes de pollution, sans pénaliser pour autant les citoyens (ce qui serait le cas si l'on permettait de décharger l'augmentation éventuelle des coûts de production sur les prix à la consommation).

CHAPITRE 6

Le vivre ensemble. Biens et services communs mondiaux

OUTRE LE DROIT À LA VIE, qu'est-ce qui devrait faire partie d'une narration alternative à la Théologie universelle capitaliste ?

La planète Terre et la conscience de l'existence de l'autre sont les deux biens communs[1] fondamentaux mondiaux qui doivent être mis au centre d'une nouvelle économie définie et pratiquée selon les principes de la nouvelle narration du monde.

L'homme n'existerait pas s'il n'y avait pas la planète. Celle-ci, en revanche, a existé sans les êtres humains et, au cas où ces derniers disparaîtraient par autodestruction ou pour d'autres causes, la planète – sans doute transformée – continuerait à exister, au moins pour 4 milliards d'années encore, tant que le soleil ne « s'éteint » pas. On prévoit son explosion dans 4,5 milliards d'années. Nous aurons tout le temps pour nous y préparer !

---

1. Sur les biens communs, lire David Bollier, *Silent Theft : The Private Plunder of Our Common Wealth*, Routledge, London, 2002 ; Philippe Aigrin, *Cause commune : L'information entre bien commun et propriété*, Fayard, Paris, 2004 et l'intéressante étude *Biens communs, patrimoines collectifs et gestion communautaire dans les sociétés musulmanes*, Edisud, Aix-en-Provence, 1997.

Par ailleurs, aucun de nous n'existerait s'il n'y avait pas l'autre, le différent. Dans toutes les cultures du monde, il y a la conscience que « je suis parce que tu es » (dicton bantou, par exemple), « je peux dire je car je peux dire tu » (on le dit en Europe.), etc[2].

Il s'agit de deux biens qui font partie – c'est évident – du monde réel, mais qui ont relief et épaisseur si – et à partir du moment où – ils sont pensés. En ce sens, eux aussi, comme les droits, font partie de l'imaginaire humain, social. Ils sont des biens communs de la culture collective.

C'est seulement au cours des dernières décennies que les êtres humains ont commencé – avec beaucoup de limites et de réticences – à penser à la planète Terre comme à un bien commun mondial, dont il faut prendre soin dans l'intérêt de l'humanité et de chacun de nous.

Certains événements dramatiques, et d'autres plus joyeux, ont fait accélérer la naissance d'une telle conscience. Avant tout les bombes atomiques lancées sur Hiroshima et Nagasaki. La possibilité réelle de l'autodestruction totale de l'humanité, et de « l'hiver atomique », a déclenché la perception – qui ne disparaîtra plus – de la fragilité de la vie sur la planète à cause des humains. C'est à la même prise de conscience qu'ont conduit les toujours plus graves problèmes environnementaux (désertification, sécheresse, pollution de l'air et des océans, contamination des nappes phréatiques et des sols, déchets urbains et industriels…) : la vie comme nous la connaissons peut mourir.

Les images de la Terre envoyées, en 1969, par la navette Apollo sont plus enthousiasmantes. Grâce à elles, nous avons pu découvrir que « notre Terre » est une « belle boule bleue » suspendue dans le ciel. Il ne fallait pas autre chose pour se rendre compte de l'unité de la planète, « vaisseau commun » à tous les habitants de la Terre.

---

2. Une des pensées fondamentales sanskrites se traduirait ainsi « you are, therefore I am ». Elle a été utilisée comme titre d'un ouvrage de Satish Kumar, indien, moine enfant, devenu un des pères fondateurs du mouvement mondial de la « deep ecology ». Satish Kumar, *You are therefore I am*, Green Books, Totnes Devon, 2002.

Ces dernières années, la télévision (à commencer par CNN), puis l'explosion d'Internet – qui a transformé les « internautes » en terminaux nomades de vastes réseaux mondiaux en permanente navigation, sans temps et sans espace, à travers la planète – ont complété la construction d'une pensée qui considère la planète comme un bien commun à gérer et préserver en commun. Certes, nous avons vu que les conceptions qui traitent la planète comme « un espace global de ressources et de richesses à conquérir et à dominer » sont toujours puissantes. Mais elles ne sont plus les seules à orienter les choix des personnes, des institutions et des peuples.

On peut faire les mêmes considérations à propos de l'existence de l'autre. Dans ce cas aussi, c'est seulement ces dernières années que le paysan de l'État du Kerala en Inde, l'étudiant suédois à Fontainebleau, le soldat colombien, le fonctionnaire de la Commission européenne, l'instituteur de Séoul, les mères des jeunes kamikazes palestiniens, commencent à se rendre compte de l'importance « positive » de l'autre, de celui qui est « au-delà des frontières » (les 1000 frontières dont nous nous sommes entourés dans l'illusion de créer sécurité et certitudes).

Paradoxalement, le 11 septembre 2001 a donné une violente secousse à la prise de conscience de l'existence de l'autre. Pour le moment, prévaut l'idée de l'inévitabilité de la lutte mortelle contre l'autre, ou ce qui est imaginé comme tel. Aujourd'hui, les moyens d'information et de communication de masse ont réussi à donner une image « certaine » de l'autre en tant qu'ennemi, le mal. Les citoyens des États-Unis « savent » qui est le mal, « savent » – et ils en sont profondément convaincus – que le monde serait en train de vivre une sorte de phase cruciale de mort et de survie, que la guerre est totale, globale, que les ennemis sont les terroristes, en particulier les islamistes, les Arabes. Pour eux, l'image construite par leurs leaders, leur président en tête, est un pot-pourri où « l'autre », est un mélange d'autres, ceux qui sont incapables d'accepter le monde actuel, de changer, de s'adapter aux changements et aux « progrès » rapides de l'économie et de la civilisation globale. Ils sont arabes, musulmans, islamistes, talibans, terroristes, anti-américains, communistes. Selon cette image, leur principal but est d'attaquer la civilisation occidentale (en particulier les États-Unis) et de créer le désordre (la fin de l'empire mondial).

À mon avis, avec le temps, le 11 septembre sera considéré comme un facteur choc qui aura engendré aux États-Unis et dans le monde occidental, de nouveaux processus de réflexion et d'interrogation sur le monde, des tentatives de mieux connaître le monde, les autres populations.

La prise de conscience de l'autre, non plus comme étranger et ennemi (potentiel ou effectif), a des répercussions importantes sur la conception de l'économie et des pratiques économiques. Selon la Théologie universelle capitaliste, l'autre est soit un consommateur/épargnant à conquérir – contre les autres qui ambitionnent de faire de même –, soit un concurrent à battre ou, mieux, à éliminer. Le respect de l'autre n'est pas un concept utilisé dans la TUC. Il faut respecter les intérêts des consommateurs ou des épargnants, mais pour des raisons purement opportunistes et utilitaristes. Il n'y a aucune possibilité de solidarité économique ou de respect envers l'autre, sinon à titre temporaire et instrumental. Les « règles de la maison » capitalistes de marché ne connaissent pas le mot « amitié ».

La conscience de l'existence de l'autre comme élément essentiel de mon existence implique, en revanche, une coopération étroite avec l'autre et une redistribution juste de la richesse produite parmi tous les membres de la communauté. La coopération et la redistribution deviennent les moyens efficaces pour un usage optimal des ressources. La perception de l'autre comme « bien » reste encore un phénomène assez faible. La perception de la planète comme « bien » est, pour le moment, relativement plus mûre et plus répandue.

En parlant de la planète, on risque d'être un peu générique. Pourrais-tu en dire plus ? Par exemple, que doit-on considérer comme « bien commun » ?

Quand nous parlons du « bien planète », trois éléments naturels – les rayons du soleil, l'air et l'eau – pour ne pas mentionner la terre, sont absolument essentiels et indispensables à la vie. Tout peut être remplacé, le charbon par le pétrole, le pétrole par l'énergie nucléaire (même s'il vaut mieux le remplacer par le solaire, l'éolien), le cheval par l'automobile, le bœuf par le tracteur, le mark par l'euro, un mari par un autre, mais il y a un million d'années comme dans un milliard d'années, l'eau, l'air et les rayons solaires étaient et resteront insubstituables, quelles que soient les formes multiples d'artificialisation de la vie que l'espèce humaine réussira à inventer et « construire ».

Cette double caractéristique – essentialité et insubstituabilité – a conduit, dans le passé, à considérer ces trois éléments comme biens « naturels » (« dons de Dieu »), biens communs appartenant à tous, « *res publica* » que la communauté prenait en charge et dont elle assumait la responsabilité et la gestion afin d'en garantir la pérennité, la disponibilité et l'accessibilité à tous les membres de la communauté.

Il est important de noter que je parle de Planète plutôt que de Nature. Il est spontané d'assimiler les deux notions, voire de les confondre. Il est, en revanche, évident que la nature n'est plus la réalité existante, « pensable », en-dehors de l'homme. La nature aujourd'hui est en grande partie un produit de l'œuvre humaine, une construction de la culture des humains (au plan de l'imaginaire, de la technologie, des règles).

Selon la FAO, environ 80 % des forêts qui recouvraient la surface de la planète ont été détruites, pour la plupart au cours des 50 dernières années. Le film de Richard Desjardins au Québec a dramatiquement montré la destruction des forêts canadiennes. La destruction de la forêt amazonienne se poursuit toujours malgré l'arrivée de Lula à la présidence du Brésil. Les forêts indonésiennes n'ont pas échappé à la prédation. Maintenant c'est le tour de la forêt sibérienne.

La nature n'est plus la même sous la pression des gaz à effet de serre. Les continents de la sphère Sud de la planète commencent à subir des dévastations meurtrières de l'environnement sous le poids des milliards de tonnes de déchets de toute nature, hautement toxiques, déversées sur leurs terres par les pays « riches » du Nord.

Le nuage de smog de plusieurs km^2 qui s'est formé dans la région du Sud-Est asiatique et dont on n'est pas encore capable de mesurer les effets sur l'environnement, est un exemple frappant des grandes transformations de la nature, souvent irréversibles, provoquées par nos sociétés. Pour l'instant, la nature « souffre » énormément de la coexistence avec les humains.

Mais il est clair que la souffrance des humains sera considérable et, à terme, risque d'être « apocalyptique ». On commence à en prendre conscience avec la question de l'eau.

Tableau 6
La Terre souffre

1. Les recherches menées dans le cadre de l'IPCC (Intergovernmental Panel on Climate Change) montrent que le réchauffement global peut altérer de façon substantielle un tiers de l'habitat de plantes et d'animaux d'ici la fin du siècle. Les changements climatiques peuvent aboutir à l'extinction d'environ un million d'espèces terrestres au cours des 50 prochaines années. Le niveau de la mer montera, les atolls disparaîtront et certains endroits pourraient devenir semblables à Venise (et Venise finir comme l'Atlantide mythique).

2. La prise de poissons est de 2,5 fois supérieure à la capacité de reproduction des océans. Déjà 52 % des ressources en poissons sont entièrement exploitées et 24 % sont en voie d'épuisement.

3. La FAO estime que, dans le monde, 94 millions d'hectares de forêts on été perdus au cours des années 1990.

4. À peu près 16 000 espèces animales sont aujourd'hui menacées d'extinction.

5. Entre 1930 et 2000, la production totale de substances chimiques a augmenté de 1 à 400 millions de tonnes par an.

6. La quantité de pesticides employés dans les cultures a augmenté de 26 fois, ces 50 dernières années.

7. Un tiers de la population mondiale vit dans des pays où l'on souffre de la rareté de l'eau. Le processus de désertification s'intensifie à un rythme élevé. Partout, mais plus particulièrement aux États-Unis, en Chine et en Inde, les fleuves sont mis à sec. Il en va de même des lacs. La disparition de la mer d'Aral n'est pas le seul cas majeur. Le Tchad a perdu plus de 60 % de sa surface.

Source : www.wwf.it et autres.

La violence destructrice dont la nature est l'objet ne date pas d'aujourd'hui, mais des deux derniers siècles d'industrialisation et de colonisation « impériale » de la part notamment de la

France et du Royaume Uni. Elle démontre que les élites du monde ont toujours considéré les ressources « naturelles » comme des biens que les sujets particuliers (les États, les entreprises, les personnes) peuvent s'approprier et exploiter selon leur bon plaisir (et dans leur intérêt). Même dans le cas où les ressources ont été traitées comme des ressources nationales, patrimoine commun d'un État, elles ont fait également l'objet d'une appropriation et d'une exploitation exclusives et prédatrices.

Au-delà des proclamations en faveur du développement durable[3], la tendance prédominante reste celle d'une privatisation généralisée de la gestion et du contrôle des ressources « naturelles », y compris l'air, le vent, le soleil, l'eau. Lors du 3ᵉ Sommet mondial sur le développement durable à Johannesburg (2002), la quasi-totalité des dirigeants du monde n'a pas estimé utile ni acceptable de déclarer l'eau « premier bien commun mondial ». Ils se sont même opposés à ce que cette idée soit mentionnée dans la déclaration politique finale. En revanche ils ont, encore une fois, fait l'éloge du partenariat public/privé et de l'intervention du secteur privé dans le financement des investissements dans le domaine de l'eau. Même position en ce qui concerne la lutte contre l'appropriation privée, par les brevets, et la marchandisation du capital biotique de la planète. Ils ont réaffirmé leur adhésion aux brevets.

Selon eux, les biens naturels sont propriété commune à l'état naturel, mais à partir du moment où il y a intervention humaine, par exemple, pour transformer l'eau des nappes ou des rivières ou la pluie en eau potable ou pour l'irrigation (ou encore des semences en médicaments contre le sida, ou les rayons solaires en énergie électrique par des panneaux solaires) les biens naturels deviennent alors des biens économiques. Dès lors, ils

---

3.   Comme Serge Latouche l'a bien écrit : « Il est évident que c'est le développement qui domine la planète depuis deux siècles qui est à l'origine des problèmes sociaux et environnementaux actuels : exclusion, surpeuplement, pauvreté, pollutions. Ajouter l'adjectif "durable" à ce développement ne remet pas en question le développement : tout au plus, on lui colle une coloration écologique. » *Décoloniser l'imaginaire. La Pensée créative contre l'économie de l'absurde*, Parangon, Paris, 2003.

doivent être soumis aux « règles de la maison », capitalistes de marché. On comprend mal pourquoi il faut automatiquement refuser que l'intervention humaine soit soumise aux règles de l'économie publique et/ou de l'économie coopérative.

S'agirait-il alors de biens privés ?

Deux principes – sur lesquels se fonde le système capitaliste de marché – sont à la base du concept de propriété privée et du droit de propriété privée.

Le *premier principe* concerne la légitimation de la propriété privée comme droit naturel. Il remonte aux formulations théoriques des théologiens, juristes et philosophes chrétiens (catholiques et protestants) de la fin du XVIe siècle, visant à expliquer, en particulier, pourquoi l'Église était devenue, et devait être, favorable à la propriété privée.

Suivant ce principe, devenu un pilier de la culture occidentale à partir de la fin du XVIIIe siècle, l'être humain a des besoins qu'il doit absolument satisfaire pour vivre. Tout ce qui est apte à satisfaire ces besoins est un bien. Une ressource « naturelle » devient donc un bien puisqu'elle permet de satisfaire un besoin. Les besoins fondamentaux et essentiels à la vie se fondent sur la « Nature » et dépendent d'elle. Étant donné que le bien est en rapport nécessaire « naturel » avec le besoin, celui-ci aussi est en rapport nécessaire « naturel » avec le bien. Il y a donc un droit « naturel » des êtres humains aux biens qui satisfont leurs besoins. La propriété devient le droit sur les biens nécessaires pour satisfaire les besoins de l'humanité. La propriété est donc un droit « naturel ».

Le passage de la thèse de la propriété privée comme droit naturel à sa « naturalité », se fonde sur l'argument suivant : la propriété des biens nécessaires à la satisfaction des besoins vitaux relie la propriété à l'être humain. Maintenant, la personne humaine est le fondement individuel – unitaire, de la société. Donc, la propriété ne peut être que personnelle, individuelle, c'est-à-dire privée. L'autonomie et la valeur de la personne dépendent de sa capacité à avoir les moyens nécessaires pour satisfaire ses propres besoins ; d'où l'importance du capital et la nécessité de la liberté de propriété et d'usage du capital. La propriété privée est, en conclusion, un droit « naturel » de la personne pour assurer sa survie, son autonomie et sa liberté. De là, l'actuelle conception de la Théologie universelle capitaliste qui soutient, comme nous l'avons vu, que la liberté d'accès aux biens disponibles sur le marché est la condition première, nécessaire et indispensable, pour une société juste et équitable.

Le *deuxième principe* est relatif à la fonction sociale de la propriété. Puisque les biens sont des outils pour la vie de la personne, aucune appropriation, individuelle ou collective, (une société privée, une entreprise publique, l'État) ne peut prétendre à l'exclusivité sur des biens au point de priver les autres êtres humains des biens dont ils ont, eux aussi, besoin. Il est donc nécessaire d'organiser la propriété individuelle et collective des biens de façon à permettre un usage des biens socialement utile dans l'intérêt collectif. Dans les formulations théoriques du capitalisme, le marché concurrentiel répond précisément à ce but.

L'*économie sociale de marché* – érigée comme modèle dans les années 1960 par le chancelier allemand Ehrard – a été la réponse donnée par les classes dirigeantes sociales chrétiennes de l'Europe dans les années 1950, 1960 et 1970. Avec le modèle social européen de l'État du *Welfare*, cette réponse a survécu jusqu'au début des années 1990, encore qu'elle ait été de plus en plus vidée de ses éléments sociaux.

Aujourd'hui prévaut l'économie de marché mondiale, ouverte, libre, autorégulée, gouvernée par l'ensemble des acteurs (d'où le concept de « gouvernance ») où chaque acteur – parmi lesquels l'État – réduit au même niveau que l'entreprise, est légitimement porteur d'intérêts (chacun est un « *shareholder* »[4]) et aucun d'eux ne peut revendiquer ni priorité ni suprématie, sauf celle qui résulte de la concurrence sur le marché. La

---

4. « Shareholder » signifie « porteur d'intérêt » dérivant de « porteur d'action », propriétaire d'un titre d'une entreprise. Promouvoir la *gouvernance*, fondée sur la participation de tous les « shareholders », signifie donner la légitimité du pouvoir de décision et de contrôle aux intérêts des propriétaires de biens, notamment financiers, ce qui comporte la fin du *gouvernement* fondé sur la légitimité du pouvoir dérivé de la représentation élue. Tous ceux qui parlent de « gouvernance » montrent, au moins, qu'ils n'ont plus confiance dans un système de gouvernement représentatif.

compétition entre les États pour attirer l'investissement privé illustre l'asservissement croissant du rôle de l'État aux intérêts du capital privé.

Telle est la conception théorique et pratique de la propriété, partagée par la très grande majorité de la population des pays riches et « développés », et par les élites locales des pays pauvres et « sous-développés ». Et pourtant, chaque jour, la réalité démontre qu'il s'agit d'une conception mystifiante, valable uniquement pour un petit nombre.

Que peut-on opposer à cette vision ?

Avec la « nouvelle narration », nous devons réaffirmer que, s'il est exact de considérer comme des outils les biens « matériels » nécessaires et insubstituables pour satisfaire les besoins fondamentaux de chaque être humain et, donc, du vivre ensemble (comme l'eau, l'air, l'énergie solaire, l'alimentation, la santé, le logement), il est encore plus important de soutenir que :

a) *l'appropriation et l'usage des biens « matériels »* nécessaires pour vivre, *ne peuvent qu'être communs* (et non privés, individuels) *et collectifs* (et non personnels), parce que le droit à la vie appartient à tous les êtres humains. S'il est vrai, donc, que la propriété est un droit « naturel » lié aux besoins pour la vie, il est alors tout à fait logique que la propriété soit considérée comme un droit collectif, commun, et que les biens nécessaires à la vie fassent partie de la propriété commune ;

b) *la propriété humaine des biens communs mondiaux n'est ni exclusive, ni absolue. Elle n'est pas exclusive*, parce que les autres organismes vivants – et la planète dans son ensemble – ont voix au chapitre, et il appartient aux êtres humains de reconnaître et de garantir les limites structurelles à l'appropriation et à l'usage de ces biens de la part des êtres humains. *Elle n'est pas absolue*, parce que le droit à la vie des générations futures implique qu'aucune génération n'a le droit de mettre en danger la « durabilité » de la vie sur la planète.

L'usage des biens essentiels à la vie doit être soumis de manière rigoureuse et permanente au respect des principes de précaution et de prévention, et de la démocratie intergénérationnelle.

Tu parles de biens communs mondiaux. Peux-tu en donner une définition et dire ce qui les différencie des biens communs simples ?

Jusqu'à présent, les biens communs étaient définis par leurs caractéristiques principales :

- – la *non-exclusion*, un bien est public parce que personne ne peut en être exclu (un écolier qui va à l'école n'empêche pas d'autres d'y aller, tandis que si j'acquiers un bien privé comme une maison, les autres sont privés de la propriété et du pouvoir de décision et d'usage sur ce bien) ;
- – la *non-rivalité*, il ne faut pas entrer en compétition avec d'autres pour y avoir accès (alors que pour s'approprier un bien – ou service – à titre privé, il faut être en compétition avec d'autres).

Jusqu'à présent, la distinction entre biens publics et de marché s'est basée sur cette définition, qui est valable, mais désormais insuffisante, parce que l'eau, par exemple, devient rare et commence à ne plus satisfaire le critère de non-rivalité.

C'est pourquoi je pense qu'un bien public devrait répondre aux trois critères suivants :

1) *essentialité pour la vie* (tout ce qui est nécessaire pour la vie, indépendamment de la variabilité sociale) ;
2) *insubstituabilité* (aucun autre bien ne peut être utilisé à sa place pour remplir les fonctions vitales qui lui sont propres) ;
3) *solidarité*, c'est-à-dire responsabilité.

Si les membres d'une société n'ont rien en commun, s'ils ne partagent aucune responsabilité ni sens de la solidarité, pas même en ce qui concerne les biens et les services essentiels, peut-on encore parler de société, ou de vivre ensemble ?

Ce qui est défini par ces trois critères ne peut être socialisé qu'à travers :

- des lois qui établissent les principes ;
- des règles qui appliquent ces principes ;
- des institutions qui contrôlent l'application des principes ;
- des moyens pour allouer les ressources nécessaires ;
- des mécanismes d'évaluation collective de la solidarité.

Les biens communs mondiaux ne sont pas, en substance, différents des biens simples. Ce qui change, c'est l'échelle spatiale, avec des biens publics locaux (comme une école élémentaire, le réseau des transports d'une ville, un parc naturel régional), nationaux (la justice, la monnaie, le système sanitaire) et internationaux (le bassin d'un fleuve qui traverse plusieurs États).

Peux-tu dresser une liste de ces biens communs mondiaux ?

On peut imaginer comme biens publics mondiaux :

- *l'air* ;
- *l'eau*, comme ensemble des corps hydriques participant au cycle de l'eau et, dans ce cadre, les océans ;
- *la paix* ;
- *l'espace*, y compris l'espace extraterrestre ;
- *les forêts*, comme lieu où se trouvent plus de 90 % des espèces microbiennes, végétales et animales de la planète ;
- *le climat global* ;
- *la sécurité*, dans le sens de la lutte contre les nouvelles et les anciennes formes de criminalité mondiale (trafic des armes, drogues, immigration clandestine organisée, prolifération des paradis fiscaux...) ;
- *la stabilité financière* ;
- *l'énergie*, pour ce qui concerne l'exploitation des ressources renouvelables et non renouvelables au niveau international ;
- *la connaissance*, en particulier pour ce qui concerne le capital biotique de la planète et sa diversité ;
- *l'information et la communication*.

Cette liste donne la mesure de l'ampleur et de l'importance d'une politique des biens publics mondiaux.

La paix, par exemple, fait partie des biens publics mondiaux. Elle est universelle par définition. La fin de la guerre entre la France et l'Allemagne a représenté une notable conquête historique pour les deux pays, mais tant qu'il y aura des guerres quelque part, le monde ne sera pas en paix.

Le consensus est moins évident en ce qui concerne l'eau, les forêts et le climat. Dans aucun pays, ils ne sont considérés comme biens publics mondiaux. Ils sont tout au plus considérés comme des biens ou «patrimoines» publics nationaux. Les États-Unis, par exemple, ont prétendu maintenir leur souveraineté en matière de climat en refusant de signer le protocole de Kyoto.

De la même façon, il reste à faire un travail considérable et difficile dans le domaine du vivant (espèces microbiennes, végétales, animales, corps humains), de l'information/communication (ressources cognitives à la base des systèmes d'information) et de la connaissance.

Pour faire reconnaître la connaissance comme bien commun de l'humanité, il faudrait modifier radicalement les principes relatifs au droit de propriété intellectuelle et, dans ce cadre, redéfinir les limites du droit d'auteur, des droits commerciaux et industriels. Les brevets actuels constituent une piraterie légalisée perpétrée au désavantage des biens de la terre, de la vie et des biens communs de l'humanité. À cet égard, il convient de saluer de façon positive l'initiative prise par le MIT de Boston de libérer son enseignement à distance des droits de propriété intellectuelle[5]. De la même manière, il faut soutenir le mouvement du logiciel libre.

---

5. Grâce au projet *OpenCourseWare* du Massachusetts Institute of Technology (MIT) (www.mit.edu), il est possible de consulter tous les matériaux d'enseignement utilisés par les enseignants à partir des nombreux cours donnés au MIT. À signaler également l'initiative de la *Public Library of Science (PLOS)*, notamment dans le domaine biologique (la *Plos Biology*, une revue qui permet à quiconque d'avoir accès, gratuitement, aux travaux de recherche 6 à 12 mois après leur publication).

*Comment réponds-tu à la thèse, qui semble correcte et perti-
nente, de la transformation des biens communs « naturels » en
biens économiques, à partir du moment où il y a une intervention
des humains – et donc un coût – c'est-à-dire une dimension
« économique » ? Les coûts ne doivent-ils pas être pris en charge
par quelqu'un ?*

Je suis content de réagir sur cet aspect qui constitue un autre
point majeur du débat sur l'alternative au système capitaliste de
marché.

C'est exact que transformer l'eau des nappes phréatiques ou
des rivières en eau potable a un coût, et pas seulement monétaire.
Mais il n'est pas dit que l'existence d'un coût doive nécessairement conduire à une couverture par les mécanismes du marché
(les prix) et à la privatisation du bien et des services correspondants.

L'ouverture d'une école élémentaire a un coût, même élevé.
Pour autant, la commune n'est pas obligée de le récupérer en
vendant « le service » offert par l'école à un prix fixé en fonction
de l'offre et de la demande. Normalement, c'est la commune
qui finance le coût de l'école à même son budget, ou grâce aux
fonds qu'elle reçoit de l'État central. La situation est différente
si un « privé » ou une collectivité (un groupe de familles ou une
entreprise multinationale), décide d'ouvrir une école élémentaire.
Dans ce cas, il est clair que l'initiateur a besoin de faire payer
aux élèves le coût de l'investissement et du fonctionnement de
l'école, au moyen de frais d'inscription qui lui permettent
d'amortir l'investissement initial le plus rapidement possible et
de couvrir les frais annuels de fonctionnement de façon à retirer
un profit – le plus élevé possible – qui l'incite à maintenir
l'école.

Le problème, en effet, est de savoir si l'éducation – qui est un
droit pour tous –, comme le droit à l'eau, peuvent et doivent
être organisés et assurés par un sujet privé ou doivent être une
charge exclusive et impérative de la collectivité, des sujets
publics.

Pendant des dizaines d'années, les biens et services considérés
comme indispensables à la vie et au vivre ensemble ont été
traités comme des biens et services communs, collectifs, publics,
de propriété et gestion publiques, financés grâce aux ressources

publiques (les budgets des communes, des provinces, des régions, de l'État), alimentées par la fiscalité. Dans ce contexte, nos sociétés ont opéré une distinction nette entre biens et services publics *(non market)* et privés *(market)*. Les deux catégories obéissent à des logiques, des règles et des mécanismes – en bref, à des systèmes de gestion économique et sociale – différents.

Le fait qu'aujourd'hui, pour de multiples raisons (idéologiques, d'intérêts, de pouvoir), les classes sociales liées au système capitaliste de marché qui dominent le pouvoir politique soient en train d'éliminer la distinction et de tout réduire au rang de biens et services privés, ne donne aucune validité théorique et économique à la thèse que chaque coût doit être couvert et financé par le consommateur au moyen d'un prix de marché[6]. Il s'agit seulement d'une thèse qui est devenue «politiquement correcte».

Encore moins valide est la thèse de la transformation de tout bien et service commun mondial en bien économique, à partir de l'instant où il y a intervention humaine. Il s'agit d'une mystification. En effet, ses promoteurs emploient le terme «économique» uniquement dans l'acception de l'économie capitaliste du marché, comme si l'adjectif «économique» se référait seulement à l'économie capitaliste. Ce qui est faux. La transformation d'un bien commun «naturel» en un bien visant à satisfaire les besoins fondamentaux des êtres humains peut s'effectuer dans le contexte d'une *économie publique* (comme cela a été le cas au XIXe siècle et au cours du XXe jusqu'aux années 1970), d'une *économie de partage et de solidarité,* dite aussi *économie sociale* (comme celle d'une congrégation religieuse ou d'une coopérative, dont le but est de promouvoir le *bien social collectif).*

6. La Belgique est, à ma connaissance, le seul pays au monde qui a décidé, voici plus de 30 ans, d'éclairer pendant la nuit le réseau routier et autoroutier du pays en estimant que la sécurité des automobilistes était un bien collectif prioritaire pour lequel le peuple belge continue à accepter de payer 3 % de sa consommation énergétique annuelle (grâce à une taxe sur les hydrocarbures). Autrement dit, les Belges ont considéré qu'un service essentiel à la sécurité individuelle et commune devait être financé et géré par la collectivité.

L'« économique » n'est pas réductible – comme le prétendent les évangélistes de la Théologie universelle capitaliste – à l'économie capitaliste de marché. En réalité, la science économique actuelle, et la politique économique aujourd'hui dominante, ont opéré une profonde manipulation idéologique de l'économie.

CHAPITRE 7

L'humanité

Peut-être quelqu'un croit-il que le matin du 5 juillet 1789, les citoyens avaient une vision parfaite des étapes successives?

Susan George

La reconnaissance juridique et politique de l'humanité

DE TOUT CE QUE TU AS DIT *jusqu'ici émerge clairement le fait que la question de l'humanité est centrale dans la nouvelle narration. Ce n'est cependant pas une question simple, surtout après le 11 septembre 2001. Tu as affirmé que le 11 septembre conduira, paradoxalement, à une prise de conscience de l'importance de l'existence de l'autre pour sa propre existence. Est-ce cela, selon toi, le premier pas vers la reconnaissance de l'humanité?*

Le terme humanité est employé communément avec trois significations:

- l'ensemble des caractères qui définissent la nature humaine;
- un comportement dicté par la bienveillance envers les êtres humains ou certains d'entre eux (« humanisme », « humanitaire »);
- l'ensemble des êtres humains.

C'est la troisième signification que j'utiliserai dans ce contexte. L'humanité existe, il n'y aucun doute ni sur le plan théorique, ni sur le plan pratique. Et pourtant, l'humanité en tant
qu'ensemble des êtres humains n'a jamais été reconnue comme
sujet politique et juridique de référence[1].

Jusqu'à présent, aucune société n'a fait référence à l'humanité
comme fondement de son organisation politique, du processus
de légitimation et de représentation politique. Même pas les
Nations unies[2] dont le sujet de référence est la « nation », c'est-
à-dire les États-nations.

Les sociétés ont reconnu comme sujet politique la ville (cas
de la Ville-État), le peuple (principe de l'autodétermination des
peuples qui est à la base d'une souveraineté démocratique),
l'empire (comme le montre l'existence de la figure de l'Empereur :
exemple contemporain, le Japon). Le sujet principal reste
cependant l'État (la nation) et tout ce qui se situe au-dessous
(les communes, les provinces, les régions) et au-dessus (international, pluri-national, supra-national, trans-national). La
« nation » a *de jure et de facto* monopolisé le politique et sa
représentation, s'attribuant le monopole de la souveraineté,
grâce à une identification, à mon avis injustifiée, entre peuple et
nation[3].

Ce qui précède n'exprime aucun jugement de valeur, mais se
veut la simple constatation d'une réalité qui mérite d'être
modifiée. Il est temps que l'humanité et le politique soient ras-
semblés, par la reconnaissance de l'humanité non seulement
comme un sujet politique mais aussi comme *le* sujet politique

---

1. Parmi les nombreux ouvrages, lire Jean-Claude Guillebaud, *Le principe
   d'humanité*, Seuil, Paris, 2001. On peut aussi consulter : Groupe de
   Lisbonne, *Limites à la compétitivité*, Boréal, Montréal, 1996.
2. L'OMC constitue, et pour cause, la seule véritable autorité politique
   mondiale car elle possède – par son « Organe de résolution des disputes »
   – un pouvoir réglementaire, judiciaire et de sanction sans appel. Bien
   entendu, l'OMC ne peut être considérée comme étant représentative de
   l'humanité : elle représente exclusivement les intérêts économiques (et
   politiques) des États signataires des accords commerciaux.
3. Ces dernières années, la Slovaquie, la Slovénie et la Moldavie – pour ce
   qui concerne le continent européen – ont été reconnues comme de nouveaux États-nations souverains.

de référence de l'ensemble des êtres humains et, par conséquent, de l'organisation politique de la société au niveau mondial, planétaire. Les problèmes communs mondiaux demandent des règles et des solutions mondiales et, donc, un système politique mondial démocratique. La construction d'une architecture politique mondiale est destinée à devenir et rester pendant des décennies le problème politique institutionnel principal de l'agenda mondial.

Le concept de patrimoine mondial de l'humanité promu par l'UNESCO peut-il être considéré comme une forme réelle de reconnaissance de l'humanité?

Il l'est, mais de manière réduite et limitée, pratiquement sans effet. En réalité, les biens qui font partie du patrimoine mondial continuent à dépendre des États dans lesquels ils sont situés. En second lieu, l'UNESCO n'a aucun pouvoir coercitif ou de sanction. Elle peut dire « vous ne pouvez pas changer la place d'Evora, parce qu'elle est patrimoine de l'humanité » mais si, pour des raisons extrêmes, le gouvernement portugais et le peuple d'Evora décident de construire un parking sous la place centrale de la ville, le maximum que peut faire l'UNESCO, c'est d'enlever la ville d'Evora de la liste des sites, car non protégée de façon adéquate[4]. La souveraineté continue à « appartenir » au peuple portugais. Aux yeux des populations locales, obtenir le sceau de l'UNESCO signifie principalement augmenter les flux touristiques et obtenir davantage de fonds publics.

Il faudrait arriver, *mutatis mutandis*, à un système fondé sur le même type de rapport que celui qui existe entre un État fédéré et l'État fédéral ou, pour le moment, au sein de l'Union européenne, entre les organes de l'Union et les États membres. L'État fédéré ne peut prendre de décisions opposées aux lois fondamentales de la Constitution de l'État fédéral. De même, il ne

---

4. L'ensemble des 41 « sites » ou réalités qui, en Italie, ont reçu le privilège d'être reconnus comme « patrimoine de l'humanité », pose quelques problèmes de « sauvegarde » ou de protection. Les dernières mauvaises nouvelles concernent les fameux « Sassi di Matera » (habitations dans des grottes ouvertes dans les roches) dans la région Basilicata, où l'on a dénoncé la création d'un parking au-dessous du site.

peut légiférer ou intervenir dans les domaines qui sont de compétence primaire des États ou de compétence partagée.

Le principe inspirateur de fond d'une architecture politique mondiale démocratique doit être celui de la souveraineté partagée, diffuse, émanant des communautés « locales » et sous leur contrôle. Ceci, pour ce qui concerne la forme, les contenants. Pour ce qui concerne les contenus, le droit à la vie pour tous et les biens communs devraient en constituer à la fois les piliers structurants et le « feu » (l'énergie) d'alimentation.

Comme cela s'est produit en 1998 en Italie, quand le ministère des biens culturels et de l'environnement a dû se substituer à la Région Calabre parce qu'elle n'avait pas encore adopté de plan régional pour le paysage ?

C'est exact. Aujourd'hui, l'humanité n'est pas titulaire de droits et de devoirs, l'humanité n'existe pas en termes de pouvoirs juridiques et politiques. Voilà pourquoi le président des États-Unis peut continuer à faire ce qu'il veut en Alaska, ou le président russe peut continuer à opprimer la population tchétchène, légitimement en apparence, sur la base du principe de la souveraineté nationale, parce que l'humanité n'existe pas. Ainsi, les États « souverains » peuvent faire, abusant bien souvent de leurs « peuples », ce qu'il veulent de l'atmosphère, de l'eau, des forêts, de la paix.

Le seul vrai petit pas vers la reconnaissance de l'humanité est représenté par la création, en juillet 2002, du Tribunal pénal international sur les crimes contre l'humanité[5]. Pour la première fois, on a institué une autorité mondiale (encore appelée, malheureusement, « internationale ») qui a le pouvoir légitime de condamner une personne, une communauté, un État pour des crimes commis contre l'humanité en tant que sujet juridique porteur de droits. La portée de cette reconnaissance est, pour l'instant, limitée parce que le traité constitutif du Tribunal circonscrit son rayon d'action à trois domaines : les génocides, les crimes contre l'humanité et les crimes de guerre. Pourtant, la

---

5.   Les États-Unis se sont toujours opposés à la création de ce tribunal et continuent à refuser de lui accorder toute légitimité.

création de ce Tribunal a ouvert la voie à la formation d'une jurisprudence et d'un droit mondial différents du droit international traditionnel.

Théoriquement, la reconnaissance de l'humanité ne serait pas impossible à réaliser. Difficile, certainement. Impossible, non. On pourrait la « construire » à partir des multiples déclarations « universelles » des droits humains et conventions internationales sur les droits économiques et politiques. On pourrait, pour cela, travailler à une refonte profonde du système des institutions dites de Bretton Woods (Banque mondiale, FMI...) et du monde des Nations unies. La paix dans le monde se construit aussi, sinon au préalable, par le désarmement de la finance.

Le seul hic, et pas des moindres, consiste dans le « simple » fait que n'existent ni la volonté politique, ni la capacité culturelle de le faire de la part des États nationaux et des groupes dominants du capitalisme mondial. Ni les « souverainistes » nationaux ni les puissants « capitalistes » mondialisés ne sont prêts à reconnaître un sujet juridique et politique « supérieur » à eux[6].

Ainsi le corpus juridique de nos sociétés reste marqué par deux sceaux puissants : le sceau national et le sceau de la propriété privée. Or le système juridique – le Droit – de l'humanité ne peut pas être débiteur des systèmes juridiques nationaux. Il doit se fonder sur une base autonome, auto-référentielle. Pour être légitime, l'humanité ne doit pas dépendre du droit national et inter-national.

De même, le système juridique de l'humanité – le droit à la vie pour tous – trouve ses racines dans l'existence de biens communs mondiaux essentiels et insubstituables pour la vie qui, de ce fait, appartiennent à l'humanité et ne peuvent pas devenir l'objet d'une appropriation exclusive et rivale.

Dans le passé, il a été très difficile de convaincre, par exemple, les Italiens qu'ils faisaient partie d'une culture commune, bien

---

6. La reconnaissance juridique et politique (c'est-à-dire, la mise en place des moyens, des institutions et des ressources nécessaires pour concrétiser le droit) vont de pair.

*que diversifiée, et qu'il était juste et bon – et non pas seulement
dans leur seul intérêt à court terme – de se donner un État, un
Parlement commun, une défense commune... Ne penses-tu pas
que les difficultés existantes pour faire reconnaître l'humanité
en tant que sujet juridique et politique sont trop « objectives »,
liées aux énormes distances et fossés qui séparent et continueront
à séparer les populations de la Terre, entre Vietnamiens et
Lettons, entre Sénégalais et Colombiens, entre Ouzbeks et
Australiens ? Qu'ont « en commun » les Italiens et les Chinois à
part Marco Polo et les spaghettis ?*

Le problème est réel, c'est banal à dire. La construction de
l'Union européenne est en cours depuis plus de 50 ans et nous
sommes dans une phase où au lieu d'avancer elle régresse. On
assiste, en effet, au retour de la suprématie des États nationaux
et de leurs intérêts. Les dirigeants européens ne parlent plus de
« communauté » européenne et de politiques européennes communes mais de coordination des politiques au niveau de l'Union.
Fin juin 2007, le Conseil européen de l'Union a proposé l'approbation d'un nouveau Traité européen, suite au rejet en 2005 du
projet de Traité pour une Constitution de l'Europe, fondé sur le
principe de la géométrie variable : l'adhésion aux principes et
instruments de l'Union (union monétaire, union juridique,
union sociale) varie d'après les pays.

Une approche pragmatique conduit à poser la question suivante : si telle est la situation entre pays européens qui partagent
des siècles d'histoire commune, que doit-on penser de la construction d'une communauté mondiale entre Européens,
Africains, Asiatiques, Latino-américains, Nord-américains,
Arabes... ?

À mon sens, il faudra, au moins, une génération (soit 20 à
25 ans), en admettant l'accélération de l'histoire, pour arriver
à des formes *élémentaires* de reconnaissance politique et
juridique de l'humanité, c'est-à-dire l'acceptation du principe
que la responsabilité de promouvoir et de sauvegarder les droits
humains, la sécurité mondiale et la gestion durable des biens
communs publics mondiaux au service du droit à la vie pour
tous revient à l'humanité (à la communauté mondiale poli-

tiquement organisée)[7]. Mais, je suis convaincu que ces formes verront le jour.

Pour y parvenir, l'humanité devra résoudre trois gros problèmes : l'identité, la confiance, la solidarité.

L'État-nation est né et a été construit sur la base de ces trois éléments « portants ». Tout État est parti de la prétendue existence d'une unité identitaire du peuple (italien, allemand, russe, chinois, français, argentin, marocain, coréen...). Sur cette base s'est affirmée la confiance « inébranlable » entre les membres appartenant au même peuple, en opposition à l'« inévitable » méfiance (de départ) envers les autres peuples. Car, sans identité et sans confiance, comment peut-on penser et pratiquer la solidarité ?

C'est pourquoi, pour « vivre ensemble » et organiser ensemble une communauté planétaire, il est nécessaire d'établir un contrat social mondial de la même nature que le contrat social national (l'État du *Welfare*) qui a représenté un grand compromis entre les forces sociales en lutte entre elles dans la défense et la promotion de leurs intérêts et droits.

Le travail a été au cœur des luttes qui ont abouti au contrat social national des XIXe et XXe siècles. Les luttes ont opposé, d'un côté, les forces propriétaires du capital qui prétendaient être aussi propriétaires du travail et, donc, de la richesse créée par le travail et, de l'autre côté, les « travailleurs » qui refusaient les prétentions des propriétaires capitalistes et revendiquaient également la propriété sur leur créativité et sur la richesse produite par le travail. L'État du *Welfare* a permis de « composer » avec ces luttes en créant un système de production et de redistribution de la richesse rééquilibré à l'avantage des « travailleurs ».

Au cœur des luttes actuelles se situe la vie, le droit à la vie. Ces luttes voient s'opposer les forces sociales propriétaires

---

7. Ce principe n'est pas en contradiction avec l'autre principe qui affirme que la responsabilité primaire de la promotion et de la tutelle du droit à la vie pour tous et du vivre ensemble appartient à la « communauté locale ». La « communauté locale » est le premier niveau d'institutionnalisation politique du vivre ensemble, même si l'histoire a conduit partout à réduire la « communauté locale » à un niveau institutionnel interne aux États, duquel découle son pouvoir politique (dit « autonomie locale »).

mondiales qui prétendent devenir les propriétaires exclusifs de la richesse de la vie sur la planète Terre et des « citoyens » (une minorité active, surtout) qui, à travers le monde, rejettent une telle prétention et poussent en faveur de règles de la maison, où la vie est considérée comme un bien commun, un patrimoine de toutes les espèces vivantes, un droit de tous et pour tous. Telle est la raison d'être du contrat social mondial ici proposé, qui reprend les grandes lignes du contrat proposé par le Groupe de Lisbonne dès 1992 dans le rapport *Limits to Competition. Toward a New Global Social Contract.*

Le contrat social mondial devrait s'appuyer sur quatre piliers :

- *le contrat de l'avoir.* Tous doivent avoir accès aux biens et services essentiels pour une existence digne d'un être humain ;

- *le contrat démocratique.* Il faut construire une architecture politique mondiale fondée sur la reconnaissance de l'humanité et la mondialité de la citoyenneté ;

- *le contrat culturel.* Bâtir le vivre ensemble sur le même « vaisseau » à partir non seulement du respect et du dialogue entre les cultures, les civilisations (ce qui serait un pas déjà important, mais insuffisant) mais aussi sur l'hybridation, le mélange des cultures et des civilisations (ce qui serait, effectivement, la source d'une dynamique positive du devenir de l'humanité) ;

- *le contrat Terre.* Mise en application des objectifs et des mesures concernant le développement durable, approuvés au Sommet de Rio de Janeiro en 1992, notamment par le document Agenda 21[8].

Le contrat social mondial est un rêve impossible tant que nos sociétés continuent à raisonner avec le « sens commun » et la

---

8. L'Agenda 21 est un programme d'actions pour le XXIe siècle, orienté vers le développement durable. Il a été adopté par les pays signataires de la Déclaration de Rio de Janeiro en juin 1992. Ses principales fonctions sont la lutte contre la pauvreté et l'exclusion sociale, la production de biens et de services durables, la protection de l'environnement.

« logique du possible » imposés par les groupes dominants et leur Théologie universelle capitaliste.

L'expérience dérivée de la proposition et des nombreuses initiatives et actions entreprises dans divers pays du monde en vue de la réalisation du *contrat mondial de l'eau* (exemple concret du contrat social mondial, en particulier du contrat de l'avoir et du contrat Terre) montre que le rêve devient possible dès lors que l'on sort des frontières du possible, fixées par les dominants. On a réussi à ébranler les certitudes de ces derniers quant à l'inévitabilité de la privatisation des services hydriques. Comme on l'a vu dans les chapitres précédents, des progrès considérables ont été réalisés sur la voie de la reconnaissance du droit humain à l'eau, contre la marchandisation de l'eau. L'histoire des 15 dernières années enseigne qu'il est possible d'atteindre les objectifs du contrat mondial de l'eau.

Quelle est la place de la solidarité dans le « rêve » du contrat social mondial ?

La solidarité est essentielle : il n'y a pas de société sans elle. Ainsi peut-on affirmer qu'aujourd'hui il n'y a pas de véritable « société ». La « société de marché », tant proclamée et appliquée à travers le monde, n'est pas une « société » parce que pour fonctionner correctement, elle n'exige aucune forme de solidarité. Au contraire, la « société de marché » est construite sur la base des principes de concurrence (compétition, rivalité) et de l'appropriation privée des biens ainsi que sur la relative exclusion des autres.

« Société » signifie « liens » et « pactes » entre les membres d'une population, qu'elle soit grande ou petite. Elle signifie, dès lors, « partage » non seulement de biens mais également de principes, valeurs, institutions, moyens, afin que chacun puisse être réellement membre (« *socius* ») de la communauté et se sente, par elle et grâce à elle, conforté dans la sécurité de son existence.

La solidarité est fondamentale parce qu'une société existe dans la mesure où chaque membre se sent et est, par ses comportements et ses actions, responsable du bien-être et de la vie de l'ensemble des membres de la communauté. Solidarité vient du latin « *in solido* », en entièreté. Il s'agit d'un concept juridique (et non pas moral) qui établit la co-responsabilité de chaque membre d'un groupe pour l'action du groupe pris dans son entièreté.

Une société qui n'offre pas à une large partie de ses membres les conditions pour avoir accès à l'eau potable, à la santé, au logement, à la nourriture, est une « non-société », car elle conduit matériellement à « l'expulsion » de ces membres. Lorsque, comme aujourd'hui, nos sociétés ont réussi l'exploit de considérer les pauvres comme des clandestins, des « illégaux » (pensons aux Rom), il est évident – en dehors de tout moralisme facile – qu'on ne peut plus parler de « société ». On comprend mieux l'importance cruciale de la campagne en faveur de la déclaration de l'illégalité de la pauvreté.

Solidarité, enfin, signifie reconnaître l'autre, savoir « dire bonjour aux autres », selon la très belle et riche expression utilisée par le fondateur de la Communauté de la Poudrière à Bruxelles il y a plus de 40 ans, le père Léon. Il avait l'habitude de rappeler que « si personne ne te dit bonjour, tu n'existes pas ». De fait, pouvoir et vouloir dire bonjour à l'autre est l'acte de début de l'existence d'un groupe humain, d'une « collectivité ». L'existence de l'autre devient un bien de la communauté. Le premier objectif d'un contrat social, contrat social mondial inclus, est donc celui de garantir le droit à la vie de tous les membres de la communauté. Telle est la fonction pratique du principe de la paix universelle.

Même s'il a été marqué par des limites importantes, l'État du *Welfare* a, certainement mieux que d'autres systèmes, démontré qu'il est possible de concevoir un État qui ne soit pas porteur de l'intérêt d'une classe contre les autres. L'expérience de cet État suggère que l'on peut avancer sur la route d'une société juste, représentative, démocratique et solidaire.

Tu as fait référence, dans d'autres circonstances (écrits et conférences), au principe de la bougie pour illustrer l'importance de la solidarité. De quoi s'agit-il ?

Le principe est simple. Il dit : « Tout ce qui est partagé, vit ; tout ce qui n'est pas partagé, se meurt. » La bougie illustre merveilleusement bien le principe : si tu utilises ta bougie pour allumer une autre bougie ou plusieurs autres bougies, partageant ainsi le feu, la lumière, la chaleur, et si l'on fait de même avec les bougies allumées grâce à la tienne, le résultat est la multiplication de la richesse en termes de chaleur, d'éclairage, de capacité d'allumage de toutes sortes de feux. La vie (énergie, lumière) de « ta » bougie est pérennisée, multipliée, par les dizaines, centaines, milliers d'autres bougies. Si, en revanche, tu gardes pour toi la richesse de ta bougie sans la partager, à un certain moment ta bougie s'éteindra et avec elle disparaîtra ce que fut ta richesse.

L'économie capitaliste de marché est structurellement amenée à détruire les richesses « naturelles » de la planète, car pour elle la richesse signifie les consommer sans partage, les rendre, dès lors, rares, les réduire, tout au plus, à des déchets (comme la bougie) en espérant même tirer du profit de la gestion des déchets.

Le principe de la bougie devrait, à mon avis, être enseigné dans toutes les écoles du monde dès l'école primaire et remplacer la « théologie du marché ».

Pour une Organisation mondiale de l'humanité

Dans le chapitre précédent, tu as insisté sur la nécessité d'une nouvelle architecture politique mondiale pour que l'on puisse organiser et promouvoir un système de Welfare *mondial. Est-ce possible dans le cadre des Nations unies ?*

À cet égard, trois attitudes et solutions s'affrontent à travers le monde :

La première attitude est inspirée par « la raison des forts » qui part du principe « réaliste » de l'impossibilité de dépasser la souveraineté des États puissants, comme les États-Unis, la Chine, la France, la Russie, le Royaume-Uni.

Au grand jamais, disent ces « réalistes », les États mentionnés n'abandonneront le droit de veto qui leur a été attribué dans le cadre de l'ONU en tant que membres permanents du Conseil de sécurité. Tout au plus, dit-on, pourrait-on chercher à les convaincre d'accepter une limite au nombre de fois où ils peuvent, en un an, recourir au veto. Et ils n'abandonneront pas non plus leur pouvoir militaire nucléaire. Ils continueront à prêcher et à promouvoir la non-prolifération, mais n'adopteront jamais la seule politique efficace contre la prolifération nucléaire, consistant à réaliser de leur part le désarmement nucléaire général.

Quelle crédibilité peut avoir la France vis-à-vis des États qui cherchent à se doter de l'arme nucléaire, quand elle prétend justifier son choix de rester une puissance nucléaire sur la base de la sauvegarde de la sécurité du peuple français ? Les autres peuples n'auraient-ils donc pas le droit de sauvegarder leur sécurité ?

Dans ces conditions, affirment les « réalistes », inutile de proposer une construction politique mondiale « supranationale ». Le seul objectif concret que l'on puisse envisager, aujourd'hui, est d'espérer que les autres « puissances » mondiales parviennent à limiter les dégâts de l'unilatéralisme impérial des États-Unis en les obligeant à accepter la réactivation de certaines formes de coopération multilatérale « à la carte ».

La deuxième attitude est inspirée par les potentialités de l'internationalisme. Ses partisans pensent que les avantages dérivant, pour tous les pays, d'un système de coopération multilatérale internationale capable de résoudre les grands problèmes du monde sont tels que, sans remettre en question leur souveraineté et leur indépendance, les États seraient prêts à un transfert limité d'une partie de leurs pouvoirs et compétences, comme ils l'ont accepté dans le cadre de l'Organisation mondiale du commerce. Il est possible, pensent-ils, d'essayer de procéder à une profonde révision des Nations unies dans le but de les rendre plus efficaces, efficientes et ouvertes aussi à l'entreprise et à la société civile.

Au sein de ses partisans, s'expriment deux « âmes » ou sensibilités différentes : l'une technocratique, pour laquelle la réforme de l'ONU passe par des voies juridico-institutionnelles et financières ; le problème, selon cette variante, est surtout un problème de gestion, de ressources, de gouvernance. L'autre, liée au monde associatif, pense que la solution consiste dans la promotion d'une forte participation de la société civile au fonctionnement des Nations unies. Selon cette variante, la réforme devrait conduire à une nouvelle ONU intégrant de manière cohérente les institutions de l'ONU et celles de Bretton Woods, aujourd'hui nettement séparées. Pour le moment, la première variante l'a emporté. Par le « Global Compact » (le contrat global) l'ONU s'est ouverte au monde des entreprises privées et prêche désormais la généralisation du PPP (Partenariat public privé). Le « Global Compact » est un accord signé en l'an 2000 entre l'ONU et un certain nombre d'entreprises multinationales privées selon lequel les entreprises contribuent au budget de l'ONU par une « cotisation » minimale de 50 000 dollars, ce qui leur permet d'être associées aux grands « programmes » de l'ONU en matière de développement et de lutte contre la pauvreté.

La troisième attitude est celle fondée sur la « raison de la mondialité », qui estime que le point de départ pour une réorganisation politique du monde doit être la Déclaration universelle des droits de l'homme. Enrichie et complétée par les autres déclarations internationales et mondiales en matière de droits des enfants, des femmes, des minorités, des peuples indigènes.

Les droits – et non la souveraineté des États – sont, dans le cadre de la reconnaissance de la mondialité de la condition humaine et du devenir de l'humanité, la base « constitutionnelle » sur laquelle il est urgent de créer l'Organisation mondiale de l'humanité.

Bien qu'il soit banal de l'affirmer, le monde est profondément différent d'il y a 60 ans, quand les Nations unies semblèrent être la réponse logique, et la seule possible, à un monde en reconstruction après le désastre de la guerre qui, tout en restant divisé entre camps opposés autour des deux nouvelles puissances mondiales (les États-Unis et l'Union Soviétique, lancés à la conquête du monde), était assoiffé de paix et de prospérité.

Aujourd'hui, les problèmes et les enjeux sont mondiaux, tout le monde le reconnaît. Le monde n'est plus à reconstruire sur des bases internationales : il est à construire sur une base mondiale. Même aux États-Unis, on se rend compte que le problème n'est pas la suprématie mondiale (« le nouveau siècle américain »), mais l'organisation mondiale de la vie et de la survie de la planète Terre comme nous la connaissons. La logique de « l'internationalisme à visage humain » n'est pas une réponse adéquate et résolutive aux dévastations de la logique de la globalisation capitaliste de marché.

Pour entamer les processus devant conduire à la création de l'Organisation mondiale de l'humanité (OMH), il convient de partir d'un projet de Traité de l'humanité dont le contenu serait défini sur la base des déclarations et conventions, ci-dessus mentionnées, en matière des droits humains et sociaux, et s'inspirant des Traités constitutifs de la Communauté européenne (à partir de 1951 et 1957).

La tâche principale de l'Organisation mondiale de l'humanité, compte tenu des nouveaux enjeux « politiques » désormais inscrits à l'ordre du jour mondial suite à l'acceptation de l'existence du changement climatique global, sera celle de garantir la sécurité d'existence pour tous. À cette fin, l'OMH devra disposer de moyens adéquats en termes de :

a) Capacité d'élaboration et d'approbation des nouvelles « règles de la maison ».

Cela comporte la mise en place d'une assemblée mondiale de citoyens, constituée au départ par les représentants de plusieurs assemblées « régionales » (continentales) de citoyens. On pourrait songer, par exemple, à une assemblée composée de membres du Parlement européen, du Parlatino, du Parlement panafricain, de l'Assemblée de l'Inde, du Parlement fédéral canadien, du Congrès des États-Unis, de l'Assemblée populaire de Chine, de la Douma, de l'Assemblée de l'Organisation du monde arabe... Des solutions innovatrices peuvent être envisagées en tirant profit de nouvelles technologies d'information et de communication.

b) Capacité d'orientation, de financement et de contrôle.

J'ai parlé, dans le chapitre cinq, des solutions possibles à cet égard dans le domaine de l'eau en partant du désarmement financier. Si la volonté politique existe, rien ne s'oppose – au plan théorique et pratique – à ce que l'on redéfinisse un système mondial efficace de financement public des investissements publics en infrastructures et en savoirs dans les grands domaines des besoins vitaux que sont l'eau, l'alimentation, la santé, le logement, l'énergie, l'éducation. « Le contrat de l'avoir » et « le contrat Terre » seront les instruments d'encadrement avec lesquels l'OMH pourrait travailler pour les 20 prochaines années.

c) Capacité judiciaire et d'intervention, en particulier en matière de prévention et de résolution des conflits entre États et entre institutions.

À cette fin, on devrait donner naissance à un Conseil de sécurité mondial (sécurité économique et financière comprise), disposant d'une « force permanente d'intervention rapide » au service du Tribunal international pénal pour les crimes contre l'humanité et d'un *nouveau* Conseil à créer, le Conseil mondial des juges de paix.

Tout ce que tu proposes devrait mener l'humanité à construire graduellement une démocratie mondiale. Il faut, pour cela, croire qu'il est possible d'éliminer les guerres. Y crois-tu vraiment ?

Tant qu'il y aura des groupes sociaux culturellement prêts à la guerre (qui tenteront de se justifier en l'appelant défensive), le défi de la paix risque de ne pas être gagné, au moins dans le futur proche. Il ne peut être question dans ces conditions de construire une démocratie mondiale. D'autant plus qu'on ne sait pas non plus faire fonctionner correctement une démocratie réelle au niveau national. La démocratie est nécessairement « amputée ».

L'exemple des États-Unis est des plus éloquents. L'approbation du « Patriot Act » par le Congrès américain, avec le soutien de la très grande majorité des citoyens (donc, l'approbation formellement la plus rigoureuse sur le plan de la démocratie) s'est traduite par une réduction significative du pouvoir législatif et de contrôle du Congrès et par une forte restriction de la liberté et des droits civils.

L'échec cuisant de la première guerre en Afghanistan et maintenant en Irak a mis le futur du monde sur des rails tordus et sur des routes parsemées de mines (au-delà de la métaphore). Les États-Unis ne se sont pas comportés différemment de ce qu'ont fait avant eux d'autres empires ou candidats à l'empire. Faisant passer leur ambition messianique au pouvoir mondial comme une mission de civilisation et de diffusion de la démocratie (si nécessaire, par l'usage des armes), ils ont répandu dans le monde haine, terreur, destruction, guerre, souvent avec l'aide ou le soutien explicite ou passif des autres pays occidentaux et des organisations internationales intergouvernementales.

C'est désormais une conviction fondée et répandue au sein de l'opinion publique mondiale que la « guerre au terrorisme » lancée par les États-Unis a augmenté l'insécurité mondiale. Par ailleurs, la réponse militaire des Américains a été plus destructrice en vies humaines, américaines et autres, que les actes terroristes. L'organisation américaine « National Memorial Institute for the Prevention of Terrorism » a estimé que depuis la guerre en Irak, 72 000 personnes ont perdu la vie dont 40 000 parmi la population irakienne ! Et dire que les États-Unis et le Royaume Uni ont déclenché la guerre sur la base d'une affirmation qui a été démontrée par la suite, par les mêmes autorités des États-Unis, comme étant un énorme mensonge.

C'est éthiquement une offense à la justice et politiquement inacceptable que des dirigeants comme le président Bush puissent, dans une société qui continue à se prétendre démocratique, rester au pouvoir. Les textes d'histoire ne nous ont fourni aucune documentation sur les sentiments des populations européennes envahies par les armées (« civilisatrices ») de Rome. Il est probable que beaucoup d'entre elles aient crié « retournez à la maison » aux représentants armés des empereurs romains. On sait ce qu'il en a été. Les occupants romains sont restés. Il est à espérer que les représentants armés de l'empire américain se comportent différemment de ceux de Rome en se retirant du Moyen Orient (ainsi que d'autres régions du monde) le plus vite possible.

Ce n'est pas, en effet, avec la présence des empereurs d'aujourd'hui à la Bush ou à la Poutine qu'on peut construire un monde fondé sur le vivre ensemble et, donc, sur la paix. La stratégie poursuivie et imposée par les États-Unis est destructrice du futur.

Les initiatives prises et à prendre pour bannir la guerre sont essentielles sur le chemin de la démocratie mondiale. Gandhi disait que « seule la non-violence peut sauver la démocratie ». De la même façon, comme l'affirme Noam Chomsky, on ne peut pas parler de démocratie en l'absence d'un contrôle démocratique sur l'industrie, sur le commerce, sur la finance. Contrôle qui n'est pas assuré – c'est une donnée évidente – par les

différentes autorités nationales et internationales créées à cette
fin.

De façon générale, pour entamer le chemin vers la démocratie
mondiale, nos sociétés, doivent résoudre trois questions :

- Comment éliminer des logiques de violence implicites dans
  le fonctionnement de l'économie actuelle ? J'appellerai cela
  la pacification de l'économie ;

- Comment garantir une participation réelle et efficace des
  citoyens au gouvernement de la « res publica » aux différents niveaux politiques ? C'est la question de *la sociali-
  sation du pouvoir au-delà des frontières* ;

- Comment construire et maintenir un système de contrôle
  efficace et transparent par les citoyens sur les mandataires
  ou les titulaires directs des pouvoirs décisionnels ? C'est la
  question de *la communautarisation des biens et services
  communs*.

Les forces sociales susceptibles de soutenir les actions nécessaires
pour parvenir à réaliser les objectifs et les parcours alternatifs
décrits ci-dessus existent. Elles sont représentées par :

- des mouvements sociaux nouveaux, par rapport aux
  motifs et aux sujets de mobilisation qui prévalaient jusqu'au début des années 1980,

- les mouvements écologistes (malgré la crise dans laquelle
  sont tombés les partis « verts », « écolo », etc., dans tous
  les pays où les écologistes ont donné naissance à des partis
  politiques),

- les ONG humanitaires et de volontariat à la coopération
  (même si, ces dernières années, on a assisté à une certaine
  « intégration » de ces ONG aux logiques de financement
  et aux choix des États et des groupes dominants),

- les mouvements pacifistes (dans certains pays, hélas, ils se
  trouvent dans une phase « décroissante » en termes de
  mobilisation),

- des formes nouvelles d'associationnisme (dans le domaine
  de la consommation, des questions urbaines, de la vie
  quotidienne, de l'éducation, de l'eau),

- les mouvements municipalistes,
- le réveil revendicatif des syndicats «traditionnels» avec un début de luttes coordonnées au plan international,
- l'engagement de certains segments du monde «intellectuel» et du monde de l'art et de la création.

Certes, au moment où j'écris, on a l'impression que la grande force mobilisatrice locale et mondiale autour de projets alternatifs de la fin des années 1990 et du début des années 2000, a perdu ces deux ou trois dernières années vigueur et dynamisme. Cette impression me paraît fondée.

Il me paraît également correct de considérer que l'explosion du mouvement «un autre monde est possible» a constitué la phase d'émergence de la prise de conscience de la mondialité de la condition humaine et de son devenir, en opposition à la globalisation guerrière et insoutenable de l'économie capitaliste de marché[9].

Mais la mobilisation sociale et politique est en train de traverser une phase de stabilisation et de consolidation, en parti-

9. Il est vrai que les grandes conférences mondiales organisées ces 15 dernières années par les différentes organisations spécialisées des Nations unies ont contribué à faire émerger une «conscience morale mondiale». On pense, en particulier, à: Rio de Janeiro, Sommet mondial sur l'environnement (1992); Vienne, Conférence sur les droits humains (1993); Le Caire, Conférence sur la démographie mondiale (1994); Pékin, Conférence sur les femmes (1995); Copenhague, Sommet mondial sur la pauvreté et l'exclusion (1996); Istanbul, Conférence sur les villes (1997); Kyoto, Deuxième sommet mondial sur l'environnement (1997); Rome, Conférence mondiale sur la faim (1998); New York, Sommet mondial sur le 3e Millénaire (2000); Durban, Conférence contre le racisme et la xénophobie (2001); Rome, Sommet mondial sur l'alimentation (2002); Monterrey, Conférence sur le financement du développement (2002), Johannesburg, 3e Sommet mondial sur l'environnement (2002); New York, Conférence sur les Objectifs du Millénaire (2005). Il est, d'autre part, également vrai que ces conférences «mondiales» ont été l'instrument par lequel les classes dirigeantes mondiales, notamment des pays du Nord, ont divulgué et promu leur narration du monde, la Théologie universelle capitaliste, et leurs thèses sur l'inévitabilité de l'adaptation aux changements en cours imposés par les groupes dominants en tant que voie réaliste pour la survie et le futur du monde, dont nous avons parlé dans la première partie de l'ouvrage.

culier pour ce qui concerne les relations entre les citoyens et les institutions, certaines devenues « amies ». La phase d'explosion n'a pas été suffisamment longue pour permettre aux uns et aux autres de se parler, la méfiance étant restée à l'œuvre malgré les nombreuses passerelles jetées entre les deux parties. Cela n'a pas été suffisant pour amorcer une capacité d'action au moment où certains succès le demandaient.

Ainsi, il a été difficile de faire les pas qu'il fallait dans les bonnes directions. Résultat : alors que le lien fort entre citoyens et institutions se révèle plus qu'essentiel, les deux sujets n'ont pas la force suffisante pour s'opposer aux tendances des groupes dominants qui, eux, n'ont cessé d'agir et de manœuvrer pour contrecarrer les possibilités de réalisation des alternatives.

Cette phase est également marquée par une éclatante démonstration de l'impossible permanence du système actuel, responsable de la dégradation de l'environnement planétaire. Les groupes dominants eux-mêmes parlent désormais d'« initiative globale pour le climat », de « programme global contre le réchauffement de l'atmosphère » de « pacte environnemental », de « *global environmental facilities* » (concernant le financement des investissements en faveur du développement durable). C'est dire qu'il est possible de tirer profit de l'explosion de la question du changement climatique devenue l'une des priorités de l'agenda politique mondial, pour renforcer à nouveau les potentialités du mouvement alternatif.

À cette fin, il me semble que les multiples composantes de ce mouvement doivent parvenir aussi rapidement que possible à créer ce que j'appelle « la Première planétaire ».

Par « Première planétaire », je n'entends pas un lieu, une institution, où des milliers d'organisations et de mouvements pourraient travailler ensemble selon un agenda établi par un groupe « dirigeant », qui représenterait une sorte de réédition d'un Komintern de l'Internationale pour les nouvelles luttes de ce siècle. J'entends, plutôt, un chemin de recherche vers une planétarisation des luttes, des objectifs, des temps et des formes, sur la base d'un choix fait par les diverses composantes du mouvement concernant un nombre restreint de priorités communes. Sans comité directeur, sans présidence ou secrétariat auto-référentiels. C'est l'esprit qui a guidé 19 personnes du monde entier – dont l'auteur de ces lignes – engagées depuis des années dans les luttes contre la globalisation, dans la rédaction d'un appel présenté au Vᵉ Forum social mondial de Porto Alegre en 2005 et duquel sont tirés les quelques extraits ci-dessous.

Le Manifeste des 19
Douze propositions pour un autre monde possible

Après le premier Forum social mondial qui a eu lieu à Porto Alegre en janvier 2001, le phénomène des Forums sociaux [...] a fait émerger un espace public planétaire de la citoyenneté et des luttes. Il a permis d'élaborer des propositions de politiques alternatives à la tyrannie de la mondialisation néo-libérale [...]. Par sa diversité et la solidarité entre les protagonistes sociaux qui le composent, le mouvement altermondialiste est désormais une force qui a du poids au niveau mondial.

Dans la diffusion des propositions venues des Forums, il y en a beaucoup qui semblent recueillir un grand consensus à l'intérieur des mouvements sociaux. Parmi ces propositions nous, signataires du Manifeste de Porto Alegre, qui nous exprimons à titre personnel et ne prétendons absolument pas parler au nom du Forum, en avons identifié 12 qui, mises ensemble, donnent sens et contribution au projet pour la construction d'un autre monde possible. Si elles étaient appliquées, elles permettraient aux citoyens de commencer à se réapproprier ensemble leur avenir [...].

A. *Un autre monde possible doit respecter le droit à la vie de tous les êtres humains sur la base de nouvelles règles pour l'économie*

Il faut donc :

1. Annuler la dette publique des pays du Sud [...] qui constitue le moyen privilégié pour mettre la majeure partie de l'humanité sous tutelle et la garder dans l'état de misère.

2. Lever des taxes internationales sur les spéculations financières (en particulier la taxe Tobin) sur les investissements directs à l'étranger, sur les profits consolidés des trans-

nationales, sur les ventes d'armes et sur les activités à fortes émissions de gaz à effet de serre.

3. Démanteler progressivement toutes les formes de paradis fiscaux [...].

4. Décréter le droit de chaque habitant de la planète à un emploi, à la protection sociale et à la retraite, dans le respect de l'égalité homme/femme [...].

5. Promouvoir toutes les formes de commerce équitable, en refusant les règles de libre échange de l'OMC [...].

6. Garantir le droit à la souveraineté et à la sécurité alimentaire de chaque pays ou regroupement de pays [...], la suppression totale des subventions à l'exportation de produits agricoles, en premier lieu de la part des USA et de l'UE [...], interdiction de la production et de l'importation d'organismes génétiquement modifiés destinés à l'alimentation.

7. Interdire toute forme de brevet des connaissances et d'organismes vivants (tant humains qu'animaux et végétaux), de même que toute privatisation des biens communs de l'humanité, l'eau en particulier.

B. *Un autre monde possible doit promouvoir la « vie en commun » dans la paix et dans la justice à l'échelle planétaire*
Il faut donc:

8. Lutter en premier lieu, au moyen des politiques publiques, contre toutes les formes de discrimination, sexisme, xénophobie et racisme [...].

9. Mettre en œuvre des mesures urgentes pour faire cesser le pillage de l'environnement [...]: sobriété énergétique [...], contrôle démocratique des ressources naturelles, l'eau potable en particulier.

10. Exiger le démantèlement des bases militaires des pays qui en disposent en dehors de leurs frontières et le retrait de toutes les troupes étrangères, sauf mandat spécial de l'ONU.

C. *Un autre monde possible doit promouvoir la démocratie, du local au mondial*

11. Garantir par une loi le droit à l'information et le droit d'informer, en mettant fin à la concentration des médias en groupes de grande dimension [...].

12. Réformer et démocratiser profondément les organisations internationales [...], l'incorporation de la Banque mondiale, du FMI et de l'OMC dans le système des Nations unies.

José Saramago, Eduardo Galeano, Ignacio Ramonet, Bernard Cassen, Walden Bello, Riccardo Petrella, Aminata Traoré, Boaventura de Souza Santos, François Houtart, Roberto Savio, Samuel Ruiz Garcia, Emir Sader, Tariq Ali, Frei Betto, Samir Amin, Atilio Boron, Armand Mattelart, Adolfo Pérez Esquivel et Immanuel Wallerstein.

À mon avis, il faudrait donner la priorité aux points 1, 3, 4, 7, 9, 10.

Je suis convaincu que le moment est arrivé d'articuler une première formulation d'un « Programme politique mondial ». L'expérience, limitée, des batailles pour l'eau, notamment dans certains pays comme l'Italie, la Belgique, le Québec, la France, à partir du « Manifeste pour un contrat mondial de l'eau », rédigé en 1996 par un Comité international présidé par Mario Soares, ancien président de la République du Portugal, a montré non seulement que c'est possible, mais aussi qu'il peut donner naissance à une forte mobilisation politique des citoyens.

Vraisemblablement, Lula, Chavez, Morales, Kirchner, Bachelet, Correa – pour ne mentionner que les nouveaux leaders de l'Amérique latine – n'ont pas eu besoin de la « Première planétaire » pour remporter la victoire. Je suis cependant persuadé qu'en l'absence d'un climat politique et culturel favorable à la crédibilité de l'alternative, leur victoire n'aurait pas été la même dans le temps et n'aurait pas eu la même portée.

Tu as rarement cité l'Europe et tu as très peu parlé de l'intégration européenne, sauf pour en dénoncer les dérives. Pourquoi?

En réalité, l'Europe a cessé de faire rêver les Européens. Elle a cessé de le faire à partir des années 1980 quand les classes dirigeantes européennes ont réduit l'imaginaire politique et culturel européen au marché intérieur et à la monnaie unique, et y ont tout subordonné. Leur faute historique a été de prêcher et de faire croire que des moyens – dans ce cas, le marché intérieur et la monnaie unique – étaient des buts et la solution. Dès lors, au lieu de mettre le marché et la monnaie au service de politiques économiques et sociales communes dans l'intérêt prioritaire de l'ensemble des citoyens de l'Europe, elles ont mis en œuvre des politiques dictées par les moyens. C'est le cas macroscopique des politiques sociales en matière de dépenses publiques pour la sécurité sociale, les pensions, les services publics : les dogmes de la concurrence des marchés, de l'impératif de la compétitivité et de la stabilité des prix l'ont emporté sur les objectifs des droits sociaux, de la justice et de la solidarité.

Il est difficile, voire impossible, de tomber amoureux d'une Europe qui ne fait que parler de marché, de concurrence, de compétitivité, de rendement, de performance, de classement des meilleurs. L'imaginaire qu'une telle Europe est capable d'alimenter est un imaginaire de peur, de crainte, de luttes pour la survie. «L'évangile de la compétitivité» ne peut favoriser que des vocations de guerriers. Et de fait, lorsque les nouvelles générations parlent en rêvant de l'Europe, c'est pour se voir en vainqueurs, riches, les meilleurs, les plus forts.

L'impératif de la compétitivité et l'objectif assigné aux Européens de devenir le peuple le plus fort au monde sur le plan de l'économie mondiale (objectif «consacré» en mars 2000 à Lisbonne par le Conseil européen, devenu «la Stratégie de Lisbonne») ont conduit à l'expropriation du futur par les groupes dominants au détriment des jeunes. Condamnés à combattre chacun pour son propre compte sur le champ de l'emploi (voire du chômage), pour l'accès à un travail précaire et à un revenu incertain, ces derniers sont dorénavant convaincus qu'ils n'ont rien à attendre de la société, de l'État, de la communauté politique. C'est ainsi que nos classes dirigeantes des 25 dernières années ont conduit à la déconstruction du processus d'intégration politique et sociale de l'Europe. On ne construit pas une communauté, une Europe unie sur la base du principe de la concurrence et de la survie des meilleurs !

En juillet 2007, il reste très peu de la « communauté » européenne. Après 25 ans de prédication et d'application de l'évangile de la compétitivité, il n'y a plus qu'une « Union » fortement désunie, presque sur tout, qui refuse de s'appeler « communauté européenne » et ne désire plus maintenir même de petits symboles communs, comme l'hymne européen et le drapeau européen. Dans la même ligne, le ministre néerlandais de l'économie et son homologue danois, dans une lettre au *Financial Times* du 9 octobre 2006 (ils n'ont pas jugé bon d'adresser leur note au Parlement européen !), demandent que soit accéléré le processus de démantèlement et d'annulation de toutes les directives européennes approuvées au cours des vingt dernières années en matière sociale et environnementale, parce qu'elles constituent, selon eux, de fortes limites à l'initiative des entreprises et au fonctionnement de la libre concurrence sur le marché intérieur. Pauvre Europe actuelle, dont le rêve a atteint un stade presque comateux.

Devant une telle situation, les Européens ne doivent pas se laisser aller à l'abandon. Il leur appartient, en revanche, pour ceux qui veulent encore rêver par et pour l'Europe, de reconstruire ou, mieux, d'inventer un imaginaire européen pour le XXIe siècle. C'est possible en « forçant l'avenir » sur deux chemins : le chemin de la participation et le chemin de l'altérité.

Le chemin de la participation, c'est la transformation de l'actuel Parlement européen en une Assemblée constituante européenne chargée d'élaborer une véritable nouvelle Constitution de l'Europe unie. Je crois qu'il y a suffisamment de conditions objectives pour penser que la sortie de l'Europe du coma actuel est liée au Parlement européen. En effet, parmi les trois institutions européennes qui peuvent historiquement jouer un rôle moteur positif ou négatif dans l'intégration européenne au cours des vingt prochaines années, seul le Parlement européen a un intérêt objectif dans le renforcement de l'intégration politique.

La Commission européenne a abandonné tout projet d'intégration. Son but est de devenir le secrétariat général du Conseil des ministres de l'Union. Ce dernier est, par définition, le défenseur des intérêts et de la souveraineté des États membres. L'espoir est donc aux mains du Parlement européen qui, en théorie, est porté à se battre pour acquérir la totalité et l'intégrité des pouvoirs législatifs propres à un système de démocratie représentative comme se prétend être celui de l'Union européenne.

Le chemin de l'altérité est celui du pacte avec les peuples d'immigration en Europe à partir, en particulier, d'une alliance entre « les trois fils du même Livre » que sont les chrétiens, les musulmans et les juifs. Ces trois mondes peuvent vivre ensemble en harmonie et construire un modèle de vie nouveau 500 ans après les grandes ruptures de la fin du XVᵉ siècle. L'Europe du XXIᵉ siècle ne doit pas être fière principalement d'avoir réussi à créer un marché unique et une monnaie unique, ni de chercher à devenir l'économie de la connaissance la plus compétitive au monde. Elle doit se sentir fière surtout d'avoir éradiqué les motifs de guerre entre la France et l'Allemagne en créant une Communauté européenne, espace libre de sécurité collective et de solidarité entre groupes sociaux et régions (solidarité toutefois démantelée ces dernières années). Elle doit se sentir fière de chercher à inventer une *res publica europea*, espace de fraternité et de paix entre ces trois fils, autour de la mer commune, la Méditerranée.

Le défi global de la vie

J'AI ESSAYÉ, au cours de cette longue conversation amplement retravaillée, d'analyser les raisons qui nous permettent de comprendre que le grand défi mondial actuel concerne la vie, le droit de tous à la vie et la survie de la vie sur la planète Terre.

Le défi est de savoir si nous faisons prévaloir la revendication de la primauté du droit de propriété privée et de la libre concurrence sur tout autre droit « éventuellement admis », ou la primauté du droit à une vie humainement digne pour tous sur la privatisation et la marchandisation de la vie.

Le défi est de savoir de quel côté nous sommes. Du côté de la « naturalité », de la pauvreté et de la guerre globale pour la « civilisation », ou du côté de l'illégalité de la pauvreté, et de la non-violence et de la paix universelle *hic et nunc*.

Le principal défi global et planétaire d'aujourd'hui consiste à libérer la vie et le fonctionnement de la société, d'une part, des logiques de la *res privata*, qui tendent à transformer en marchandise toute expression de vie et toute relation sociale pour les réduire à de simples objets d'appropriation privée et, d'autre part, des logiques de « la raison du possible », le carré dans lequel les dominants veulent emprisonner la vie et la création du futur.

Nous donner la liberté du futur, en tant que citoyens, signifie construire la *res publica*, le partage, la responsabilité et la tutelle des biens et services communs, essentiels et insubstituables à la vie et au vivre ensemble. Cela demande du temps, de la persévérance et beaucoup de confiance. Croire dans le long terme est l'élément de base sur lequel doivent être bâtis les nombreux courts termes qui font le présent. Le long terme ne peut être que la société et la vie.

Les chemins à parcourir sont nécessairement multiples et divers. Il n'y a pas un chemin unique. Dès lors, le problème du devenir du monde est aussi le chemin lui-même. Il n'existe aucune feuille de route déjà définie, on le sait. Comme le disent, dans tous les continents, les populations en lutte : « Le chemin s'apprend en cheminant, ensemble. »

Pour conclure, provisoirement, le chemin entrepris par ce travail as-tu des propositions particulières à formuler ?

Oui, un tableau. Un tableau récapitulatif des *mots-clés* de la narration de l'humanité autour de trois dimensions : la société (le sens de la communauté), l'État de droit (le rôle de l'État en tant que garant des droits humains et sociaux), la fraternité (l'esprit du vivre ensemble). Je considère ces trois dimensions comme les trois faisceaux de référence – d'éclairage – sur les multiples parcours qui seront entrepris.

J'aime considérer ce tableau (voir le tableau 7, page suivante) comme un petit cadeau de ma part, à titre de « compagnonnage ».

Tableau 7
Les mots-clés de la narration de l'humanité

Société	État de droit	Fraternité
Vivre ensemble	Droit à l'eau potable, à l'alimentation, à la santé	Égalité
Intérêt général	Droit au travail	Justice
Bien commun	Droit au revenu de citoyenneté	Solidarité
Services publics	Droit des libertés	Responsabilité
Coopération	Règles de respect	Mutualité
Partage	Patrimoines communs	Éthique
Humanité	Droits universels	Amitié
Contrat social mondial	Fondements de la confiance	Spiritualité
Durabilité	Prévention et précaution	Sobriété
Vision	Droit de participation	Projets communs
Démocratie participative	Démocratie intergénérationnelle	Démocratie planétaire
Système fiscal redistributif	Principe d'éco-nomie	Principe de soin

Chaque génération a été confrontée aux défis de son époque. Pour les sociétés actuelles, le principal défi est celui de l'humanité, de son existence en tant qu'ensemble des êtres humains, en symbiose avec la vie sur la planète Terre.

La non-éradication de la pauvreté sera la mort de l'humanité en tant que communauté sociale. La continuation de la dégradation de l'écosystème Terre sera la mort de la planète en tant que « maison de l'humanité », ce qui signifierait l'échec de l'économie en tant que « règles de la maison ».

Il n'est pas dit que ce sera le seul devenir possible. Il y a des millions de « molécules » d'humains à travers le monde qui travaillent déjà afin que le devenir soit différent.

De notre catalogue

Une société à refaire
Vers une écologie de la liberté

MURRAY BOOKCHIN

Murray Bookchin, fondateur de l'Institut d'écologie sociale du Vermont, est l'un des plus célèbres écologistes des États-Unis et du monde anglophone. Grand érudit, enseignant, militant et orateur remarquable, il a écrit de nombreux essais.

Dans cet essai à saveur anthropologique, sociologique, philosophique et historique, l'auteur démontre que l'exploitation sans vergogne du monde naturel est le résultat d'un ordre social fondé sur la domination. Les déséquilibres environnementaux menaçant la survie de la planète et de l'espèce humaine elle-même s'expliquent directement par des structures sociales que l'on tarde à remettre en question.

Aujourd'hui, c'est une question de survie ; il ne suffit plus de limiter notre impact sur l'environnement en diminuant les émanations toxiques, en consommant moins de papier ou en brûlant moins de pétrole. Il faut refaire une société écologique fondée sur une véritable démocratie, contrôlée à la base par les citoyens plutôt que par les prétendues élites.

ISBN 978-2-921561-02-0   300 pages   2 2 , 0 0 $

Alternatives à la globalisation économique

Un autre monde est possible

INTERNATIONAL FORUM ON GLOBALIZATION (IFG), COLLECTIF SOUS LA DIRECTION DE
JOHN CAVANAGH ET JERRY MANDER

PRÉFACE DE JACQUES B. GÉLINAS

Le livre appelé à devenir la bible des altermondialistes!

Partout dans le monde, les multinationales prennent de l'expansion et tentent d'imposer leur loi : le profit avant tout. Les conséquences désastreuses de leur domination se font de plus en plus claires : appauvrissemnt des populations, destruction des cultures locales, bouleversement des écosystèmes, etc. Parallèlement, des millions de personnes s'opposent à ce type de mondialisation. En particulier depuis Seattle, elles ont appris à mettre en commun leurs idées et leurs énergies, non plus seulement pour contester l'ordre établi, mais également pour affiner leur critique et surtout pour définir les principes et les grand axes d'un développement économique au service des personnes et des communautés, soucieux de préserver la Terre et ses ressources. Ce livre, rédigé par l'avant-garde du mouvement altermondialiste, présente un ensemble d'actions immédiates pour contrer le mouvement de mondialisation néolibérale qu'on nous présente erronément comme irréversible. Tous les domaines y sont abordés : l'eau, les médias, l'énergie, l'agriculture et l'alimentation, les transports… On y montre ainsi comment la privatisation est un procédé pervers alors qu'il est possible de prendre des décisions dans le sens du bien commun ; comment aussi les lieux de travail pourraient être différemment organisés pour tenir compte des besoins des petits producteurs.

L'International Forum on Globalization regroupe des militants, des chercheurs, des économistes et des écrivains. Il a été créé en 1994 pour stimuler le débat, l'activité comune et l'éducation du public au sujet de la globalisation économique.

ISBN 2-923165-14-4   512 pages   35,00 $

L'entraide
Un facteur de l'évolution

PIERRE KROPOTKINE

PRÉFACE DE MARK FORTIER

Collection Retrouvailles

À la fin du XIXe siècle, des hommes de science présentaient la nature et la société comme un univers de rareté, où se déroule un «spectacle de gladiateurs», une «mêlée générale perpétuelle»; les plus forts, n'agissant qu'en fonction de leur intérêt individuel, en sortent victorieux, assurant ainsi le progrès. Ces thèses faisaient bien l'affaire des économistes libéraux: elles donnaient au capitalisme une justification «scientifique». Depuis la fin des années 1970, avec la montée du néolibéralisme, ces idées sont revenues au goût du jour: invoquant la responsabilité individuelle et les bienfaits de la compétition, on voue un culte aux «battants», aux «gagnants», aux «conquérants»... Dans L'entraide, un facteur de l'évolution, le penseur russe Pierre Kropotkine (1842-1921) proposait plutôt, exemples à l'appui, une conception du progrès dans la nature et la société fondée sur l'entraide et la sociabilité. Homme de son temps, il faisait certes preuve du même scientisme naïf que les savants qu'il pourfendait, mais il a le mérite d'avoir mis en lumière des comportements animaux fascinants et des réalités historiques et culturelles trop souvent oubliées, comme l'espace politique autonome qu'ont constitué les cités libres du Moyen Âge. Théoricien de l'anarchisme, Kropotkine comptait ainsi enraciner les idéaux de liberté. Après avoir réfléchi sur l'économie, le travail et l'industrie dans les œuvres marquantes qu'ont été La conquête du pain (1892) et Champs, usines, ateliers (1899), il partait, dans L'entraide (1902), à la recherche des fondements mêmes d'une éthique libertaire. Cette édition de L'entraide est accompagnée d'une préface du sociologue Mark Fortier.

ISBN 2-921561-56-5   400 pages   27,00 $ / 22,00 $

Désir d'humanité
Le droit de rêver

RICCARDO PETRELLA

ILLUSTRATION : LINO

Les concepts de «bien commun» et de «bien public» sont en voie de disparition. De plus en plus, le caractère sacré de la vie et les droits universels sont relégués au domaine de la rêverie, alors que le pragmatisme du monde des affaires, la primauté accordée à la «rationalité» de la finance, la foi sans bornes dans la science et la technologie dominent le monde occidental. Il n'y a plus de droits collectifs, il n'y a que des intérêts individuels, surtout ceux des plus riches, des plus forts et des plus compétitifs.

Bref, les rêves d'humanité, du droit à la vie pour tous, d'une autre économie, de paix et de démocratie ont été expropriés, détruits. Voici donc un voyage au cœur de deux univers bien humains, le premier peuplé par des rêves de richesse, de puissance, le second par des rêves de paix, d'amitié, de justice, de liberté. Le monde d'aujourd'hui est dominé par le premier d'entre eux. Le deuxième n'a guère droit de cité. Ceux qui ont le pouvoir économique, politique et militaire ont confisqué le droit de rêver d'humanité: rêver d'amitié, de fraternité, de justice, de bien-être collectif, de démocratie, de sécurité dans la solidarité et dans le respect de tous. Désir d'humanité constitue un plaidoyer en faveur de la reconquête de ce droit.

ISBN 2-923165-03-9   208 pages   22,00 $ / Europe : Éditions Labor

Quel rôle pour l'État?

NOAM CHOMSKY

TRADUCTION DE LOUIS DE BELLEFEUILLE

ILLUSTRATION DE LA COUVERTURE : JEAN-FRANÇOIS BOIVERT

Quel est le rôle de l'État dans une société industrielle avancée? Chomsky pose d'emblée la question qui sert de fil d'Ariane à son propos. Pour y répondre, il revisite les fondements idéologiques de quatre modèles de société : le libéralisme classique, le socialisme libertaire, le socialisme d'État et le capitalisme d'État. Le constat qui se dégage d'un bref survol historique est sans appel. N'est qu'imposture, en effet, le parallèle entre le libéralisme, vecteur de l'actuelle mondialisation, et le libéralisme éclairé que prônait par exemple Humboldt à la fin du dix-huitième siècle. Loin de livrer l'individu à l'arbitraire d'un marché mondial qui n'est en réalité que le terrain de jeu des multinationales, le libéralisme de Humboldt, héritier à cet égard des cartésiens et de Rousseau, vise le libre épanouissement de la personne. Autre évidence : capitalisme et démocratie sont, au bout du compte, tout à fait incompatibles. Quant au socialisme d'État, qui a engendré la tyrannie soviétique, la cause est déjà entendue. Le socialisme libertaire sur lequel Chomsky a jeté son dévolu consiste à réaliser la synthèse des valeurs du socialisme et de l'anarchisme. En analysant les tenants et aboutissants du capitalisme d'État tel que pratiqué aujourd'hui, Chomsky nous démontre à quel point la démocratie citoyenne y a été sacrifiée au profit d'une classe dirigeante qui maintient ses acquis et ses profits; il avance la possibilité et la nécessité de renverser la situation avec un mouvement dédié à l'élimination de l'autorité répressive des grandes corporations et de l'État. Autant de questions essentielles qui nous font remonter aux sources de la pensée socio-politique de Chomsky.

ISBN 2-923165-17-9   Environ 56 pages   9,00$ / 7,60$

L'utopie des droits universels

L'ONU à la lumière de Seattle

LAURENT LAPLANTE

Un demi-siècle après la signature de la Déclaration universelle des droits de l'homme, un constat s'impose : «Cinquante ans ont passé, en effet, sans que ne disparaisse l'injustice, sans même qu'elle ne régresse sensiblement. [...] Formidable, scandaleuse et durable contradiction entre la Charte des droits et la vie sans droit que subissent tant d'humains.» Cet ouvrage de Laurent Laplante appelle à un exercice de réflexion collectif, incontournable si nous voulons que les droits humains soient plus qu'un simple bout de papier. Sans glisser dans la recherche systématique d'un coupable, l'auteur dresse un bilan des différents relais entre l'idéal d'une humanité planétaire et la triste réalité : Les États et l'Organisation des Nations Unies (ONU), les syndicats, les médias, la science et l'Église. Sans être parfait, il semble que le mouvement associatif constitue le plus fiable des relais. Les manifestations de Seattle ont certes été le signe d'une méfiance grandissante de la population envers ses décideurs, mais également d'un manque de cohésion au sein du mouvement alternatif. À une ONU désuète, centralisatrice et contrôlée par les conglomérats financiers, Laurent Laplante oppose l'idée d'une ONU entièrement reconstruite, transparente, soumise à l'opinion publique et garante de l'idéal démocratique au nom duquel elle fut créée.

ISBN 2-921561-53-0   200 pages   23,00 $ / 19,40 $

Vivre autrement:

écovillages, communautés et cohabitats

DE DIANA LEAFE CHRISTIAN

PRÉFACE DE JACQUES LANGUIRAND

Il n'est plus possible d'ignorer le changement majeur qui s'opère dans les consciences et dans le regard que les humains portent sur eux-mêmes, et sur leur mode de vie destructeur. Aujourd'hui, un nombre croissant de personnes cherchent un moyen de vivre en harmonie avec leurs valeurs et avec la nature. En plus des populaires coopératives d'habitation, saviez-vous qu'il y a un nombre croissant de projets d'écovillage?

Mais… par où commencer? Démarrer un projet de vie en commun n'est pas simple et la majorité des tentatives échouent. Les francophones ont longtemps attendu ce premier guide pour vivre autrement. Avec ce livre, le seul sur le sujet en français, vous ne partez pas les mains vides; comme le dit Jacques Languirand: «si vous avez vraiment le goût de vivre autrement, vous avez entre les mains le livre qu'il vous faut […] sa lecture devrait vous permettre d'envisager une telle entreprise avec de meilleurs outils et plus de confiance.»? *Vivre autrement: écovillages, communautés et cohabitats* se base sur l'expérience de dizaines de pionniers-fondateurs pour proposer des outils concrets qui vous aideront à concevoir, organiser et poursuivre votre audacieux projet, en évitant les erreurs et les pièges pouvant mettre votre rêve en péril. Cette mine d'information recueillie par une icône du mouvement des écovillages démontre la viabilité de ces derniers.

DIANA LEAFE CHRISTIAN est depuis 1993 la rédactrice en chef du magazine *Communities* (http://communities.ic.org/), la plus importante ressource pour les communautés intentionnelles (des coopératives urbaines aux communes rurales) en Amérique du Nord. Elle donne des conférences et des ateliers de formation sur la fondation d'écovillages et de communautés intentionnelles. Elle est membre de l'écovillage Earthaven en Caroline du Nord.

ISBN 978-2-9232165-24-0   448 pages   30,00$

Faites circuler nos livres.

Discutez-en avec d'autres personnes.

Inscrivez-vous à notre Club du livre.

Si vous avez des commentaires, faites-les-nous parvenir ; il nous fera plaisir de les communiquer aux auteurs et à notre comité éditorial.

Les Éditions Écosociété
C.P. 32052, comptoir Saint-André
Montréal (Québec) H2L 4Y5

Courriel : info@ecosociete.org
Toile : www.ecosociete.org

NOS DIFFUSEURS

EN AMÉRIQUE

Diffusion Dimédia inc.
539, boulevard Lebeau
Saint-Laurent (Québec) H4N 1S2
Téléphone : (514) 336-3941
Télécopieur : (514) 331-3916
Courriel : general@dimedia.qc.ca

EN FRANCE et
EN BELGIQUE

DG Diffusion
ZI de Bogues
31750 Escalquens
Téléphone : 05 61 00 09 99
Télécopieur : 05 61 00 23 12
Courriel : dg@dgdiffusion.com

EN SUISSE

Servidis S.A.
Chemin des Chalets
1279 Chavannes-de-Bogis
Téléphone et télécopieur : 022 960 95 25
Courriel : commandes@servidis.ch

Recyclé
Contribue à l'utilisation responsable
des ressources forestières
www.fsc.org Cert no. SGS-COC-2624
© 1996 Forest Stewardship Council
FSC

Achevé d'imprimer en octobre 2007 par les travailleurs
et les travailleuses de l'imprimerie Gauvin, Gatineau (Québec),
sur papier contenant 100 % de fibres post-consommation
et fabriqué à l'énergie éolienne.